HISTOIRE
DE MONSIEUR
CLEVELAND.

LE PHILOSOPHE ANGLOIS, OU HISTOIRE DE MONSIEUR CLEVELAND, FILS NATUREL DE CROMWELL;

ECRITE PAR LUI-MEME,

Et traduite de l'Anglois,

NOUVELLE EDITION.

TOME QUATRIEME.

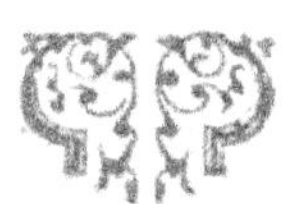

A UTRECHT;

Chez ETIENNE NEAULME

M. DCC. XXXVI.

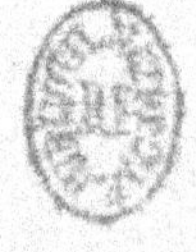

LE PHILOSOPHE ANGLOIS, OU HISTOIRE DE Mr. CLEVELAND, FILS NATUREL DE CROMWEL.

LIVRE CINQUIE'ME.

LA tranquillité & le bon ordre me parurent si bien établis parmi les Abaquis, que sans penser à multiplier leurs Loix & leurs obligations, je me bornai à les contenir dans l'observation exacte de celles qu'ils avoient déja. C'étoit le ſeul moyen d'aſſurer le fruit de mes travaux, qui eût été fort incertain après mon départ, ſi je n'euſſe pris ſoin de lier ainſi ces bons Sauvages par les chaînes de l'habitude. Quelques mois ſe paſſerent donc à répéter nos exercices ordinaires, & à attendre le retour des Sauvages que j'avois fait partir pour la Virginie avec l'Envoyé de Madame Lallin. Je remettois après leur retour, à prendre une réſolution qui pût nous conduire à quelque choſe de raiſonnable & d'aſſuré, eſperant toujours de tirer de leur rapport quelques lumieres capables de me déterminer. Je ne pouvois juger exactement de la longueur de leur voyage, ni du tems qu'ils avoient beſoin d'y employer. C'étoit le principal ſujet de mon embarras. Il m'étoit venu plus d'une fois à l'eſprit, ſur-tout depuis les couches de mon Epouſe, de partir avec elle & le reſte de ma famille, pour tenter moi-même de trouver le chemin de la Caroline. Ce n'eſt pas que je m'attendiſſe à de grandes difficultés de la part des Abaquis, qui nous étoient trop affectionnés pour conſentir volontiers à notre départ : mais j'eusse réussi peut-être à les tromper, en leur faisant entendre que nous ne les abandonnions point sans retour. Nous eussions pris une escorte, ce qui eût encore aidé à leur persuader que notre dessein n'étoit pas de les quitter absolument ; & nous n'eussions point eû de peine à nous en défaire, si le Ciel eût béni notre route & nous eût fait tomber dans quelque Habitation Angloise ou Espagnole.

Quelque dangereux que fût ce plan, il n'y en avoit point d'autre à choisir, en supposant que nous ne reçussions point de nouvelles de Mylord. Je m'y arrêtai à la fin, comme un malade fait à un reméde amer & douloureux qu'il craint presqu'autant que ses maux. Je le communiquai même à mon Epouse & à Madame Riding, qui ne balancerent point à l'approuver, & qui se disposerent hardiment à en courir tous les risques. Nous n'étions plus retenus que par la foible esperance que nos Sauvages pourroient arriver au moment que nous y penserions le moins. Elle ne fut pas trompée. On nous les annonça un jour. Mon émotion fut si grande à cette nouvelle, que j'eus peine à me soutenir. Ce fut bien pis, lorsque je vis mon Epouse tomber évanouïe de surprise & de saisissement.

Si l'on se figure en effet quelle devoit être notre inquiétude & notre ennui après quinze mois de séjour dans une Habitation de Sauvages, & plus d'un an qui s'étoit écoulé sans que nous eussions entendu parler de Mylord, on concevra que le plus leger espoir ne pouvoit manquer de nous causer une agitation extraordinaire. Mais si ce n'étoit pas la joye, c'étoit du moins une incertitude de sentimens, qui nous avoit mis d'abord dans cette violente situation. Il fallut bien-tôt éprouver d'autres mouvemens, dont la nature étoit moins équivoque ; ce fut ceux de la plus mortelle crainte, & par conséquent de la tristesse la plus profonde & la plus accablante.

Les Sauvages s'étoient rendus d'abord à Powhatan. Ils y avoient vû Madame Lallin, qui leur avoit facilité autant qu'elle avoit pû les moyens de gagner la Caroline. Avec le secours d'un Virginien qui sçavoit la Langue Angloise, ils avoient ſuivi les côtes de la Mer, en s'informant dans tous lieux habités, ſi l'on avoit vû Myiord Axminſter, ou ſi l'on avoit quelque connoiſſance de ſon ſort. Ils n'avoient rien appris de ce qu'ils cherchoient. Déſeſperant de réüſſir mieux par de plus longues recherches, ils avoient repris leur route vers notre Vallée, au travers de mille périls, & dans une incertitude continuelle du chemin. Enfin le hazard, ou plûtôt la Providence qui ne vouloit plus nous laiſſer ignorer nos malheurs & qui nous en préparoit encore de plus terribles, avoit permis qu'ils euſſent rencontré dans de vaſtes deſerts un de leurs Compatriotes, un de ces braves Abaquis qui avoient ſervi d'eſcorte à Mylord. Ils le ramenoient avec eux, & ce fut par lui-même que nous nous fiſmes raconter auſſitôt la funeſte avanture de Mylord & de ſes Compagnons.

Ce malheureux Seigneur n'avoit pas été éloigné de cinq ou ſix journées de la Vallée des Abaquis, qu'il avoit été attaqué par un nombre de Sauvages à peu près égal au ſien. Il les avoit mis en fuite, avec peu de perte. Ces Barbares, qui étoient des Habitans vagabonds du grand Desert de *Drexara*, & qui passent pour les plus cruels de l'Amerique, n'avoient pas été découragés par leur défaite. La vuë de Mylord, qui étoit à cheval & vêtu, aussi-bien que les Anglois de sa suite, les avoit animé à retourner à la charge, dans l'espoir du butin. Ils s'étoient attroupés seulement en beaucoup plus grand nombre, & coupant le chemin aux Abaquis à quelque distance du lieu du premier combat, ils avoient fondu sur eux avec tant d'impétuosité & une grêle si terrible de flécles, qu'ils en avoient couché par terre une grande partie. Le reste, effrayé de se voir enveloppé de toutes parts en un moment, & se trouvant même hors d'état de recourir à la fuite, avoit rendu les armes pour se conserver la vie. Ils étoient demeurés prisonniers avec Mylord & ses Anglois. Les vainqueurs avoient partagé cette riche proye, & s'étoient divisés eux-mêmes pour prendre differentes routes. La plûpart des Sauvages du Desert de Drexara sont Antropophages, du moins à l'égard de leurs prisonniers. Ils n'habivent proprement aucun lieu. Ils ſont ſans ceſſe errans, à la chaſſe des bêtes, & des hommes qu'ils regardent comme leur plus friand gibier. La ſeule raiſon qui leur fait donner le nom de Sauvages de Drexara, eſt que cherchant les montagnes & les bois comme les lieux les plus propres à la chaſſe, ils aiment ce grand Deſert, qui eſt rempli de bêtes féroces, parce qu'il eſt couvert de forêts d'une immenſe étenduë.

J'étois tremblant & conſterné en écoutant cette premiere partie de la relation du Sauvage, & je n'oſois le preſſer de m'apprendre ce que j'avois le plus d'envie de ſçavoir. Un début ſi terrible me faiſoit attendre le ſort le plus affreux pour l'infortuné Vicomte. Fanny étoit de ſon côté dans une agitation capable d'inſpirer de la pitié. Nous continuâmes de prêter notre attention, ſans oſer ouvrir la bouche pour proférer un ſeul mot. Heureuſement, nous dit le Sauvage, je ſuis tombé en partage, avec Mylord & vingt de nos compagnons, à une bande des moins cruelles & des moins avides de chair humaines. Ce n'eſt pas qu'ils n'ayent mangé d'abord ſix d'entre nous, pour rassasier leur premiere ardeur; mais ils sont accoutumés d'aller chaque année sur le bord d'une grande riviere, où ils trouvent des hommes blancs & vêtus d'habits, ausquels ils donnent leurs prisonniers, pour recevoir d'eux quelque chose qu'ils aiment beaucoup. Nous avons été conservés pour cela au nombre de seize, & l'on nous a fait faire un long voyage pour arriver à la riviere; mais les hommes blancs n'y sont pas venus cette année. Nous avons été reconduits vers le Desert de Drexara, pour attendre l'année prochaine. Cependant, ajouta le Sauvage, je suis sûr que tous mes compagnons ne verront point ce tems-là; car de seize que nous étions, il y en a déja quatre qui ont été mangés depuis notre retour de la riviere. Il nous raconta ensuite de quelle maniere il s'étoit sauvé, & par quel bonheur il avoit rencontré ses trois compatriotes, après avoir erré deux mois dans des Païs qui lui étoient inconnus.

J'ai sçû depuis, que ces hommes blancs avec lesquels les Sauvages faisoient une espece de commerce de leurs prisonniers, étoient les Espagnols de *Pensacola*, qui remontent en certains tems la grande Riviere du S. Esprit, & qui achetent des Esclaves pour quelques verres d'Eau-de-vie, ou pour quelques denrées de nulle valeur.

J'ordonnai à l'Abaqui de se retirer après son récit; & l'état où j'étois ne m'empêchant point de faire réflexion sur celui où je voyois mon Epouse; je fis en un instant ce que non seulement je n'avois jamais fait, mais dont je ne m'étois point encore crû capable. Je renfermai dans mon cœur la plus vive & la plus pressante de toutes les douleurs; & moi, qui me sentois prêt à succomber sous ma peine, & à tomber sans force, j'en trouvai assez pour affecter de la constance, pour prendre une contenance tranquille, & pour entreprendre en un mot de consoler ma chere Epouse. C'est ici que j'appréhende de n'être plaint désormais de personne. Un personnage tel que j'ai été capable de le soutenir, & que je vais le representer, paroîtra si étrange, & peut-être si contraire aux idées communes, que si l'on me fait la grace de le croire possible, on s'imaginera, ſans doute, qu'il mérite moins de pitié que d'admiration. Il faut avoir éprouvé les douleurs qu'un autre ſent, ou ſentir du moins qu'on peut les éprouver, pour être capable de s'y intéreſſer par la compaſſion; & non ſeulement il ne ſe trouvera perſonne qui ait ſenti des maux tels que les miens, mais à peine ſe trouvera-t-il quelqu'un qui les puiſſe comprendre.

La réſolution que je pris donc en ce moment, de me rendre maître de tous les témoignages extérieurs de ma peine, devint une regle que j'ai ſuivie depuis avec une incroyable conſtance. Je ne prévoyois point à quoi je m'engageois. La conſideration de mon Epouſe, dont je voulois ſoutenir le courage par mon exemple, m'engagea à former intérieurement cette eſpéce de vœu, qui renfermoit peut-être trop de témérité. J'ai eu néanmoins la force de l'exécuter: mais qu'il m'en a coûté! & que le ſouvenir même que j'en conſerve, eſt encore rempli d'amertume! Chere Fanny, dis-je à mon Epouſe, il faut benir le Ciel de ce qu'il permet du moins que nous ſoyons informés du malheur de

Mylord. Le ſecours de la Providence ne ſçauroit manquer à l'innocence & à la vertu. Vous voyez qu'il l'a déja éprouvé, en tombant heureuſement dans la bande la plus humaine de Sauvages. Il recevra la même protection juſqu'à la fin. Peut être a-t-il déja été livré aux blancs dont l'Abaqui nous a parlé. Ce ne peut être que des Anglois, ou des François, ou des Eſpagnols ; & quelque Nation que ce ſoit de l'Europe, il eſt ſans danger s'il eſt hors des mains des Sauvages. Oüi, me répondit-elle, en ne raiſonnant que trop juſte ſur le ſujet de nos craintes ; oüi, s'il eſt hors des mains des Sauvages : mais quelle apparence qu'il ſoit délivré de ces bêtes cruelles ? Il n'y a que deux mois, ſuivant le rapport de l'Abaqui, qu'ils ſont revenus de leur grande Riviere ; ils n'y doivent retourner que l'année prochaine ; & qui ſçait s'ils épargneront ſi longtems la vie de mon cher Pere ? Elle fondoit en larmes en parlant ainſi ; & ſa tendreſſe lui repreſentant vivement tout ce qu'elle avoit à craindre, elle paroiſſoit auſſi effrayée que ſi elle eût vû Mylord prêt d'être dévoré par les

Sauvages. Je lui dis pour la raſſurer, que ces Barbares étant accoutumés à faire commerce de leurs priſonniers, il n'y avoit nulle raiſon de craindre qu'ils ne ſuiviſſent point leur uſage ordinaire; que je préviendrois d'ailleurs tous les effets de leur cruauté, mon deſſein étant de me mettre inceſſamment à la tête de deux mille Abaquis, & de me ſervir des lumieres que je pourrois tirer de celui qui avoit été compagnon de Mylord, pour prendre le chemin du Deſert de Drexara; que le Ciel ſeroit mon guide dans une entrepriſe où ſa bonté & ſa juſtice étoient intéreſſées; enfin, que j'eſperois de trouver Mylord, ce qui étoit le ſeul point difficile, & que rien ne me ſeroit ſi aiſé que de le délivrer.

Fanny avoit trop de ſolidité d'eſprit, pour ſe laiſſer flater par de fauſſes eſpérances. Elle ſentit auſſi parfaitement que moi toutes les difficultés de mon deſſein, & voici le parti qu'elle prit ſur le champ. Je ſuis perſuadée, me dit-elle, que vous n'abandonnerez point mon pere, & que vous exécuterez ce que vous venez de me promettre; mais je vois les périls

& l'incertitude d'une telle entreprise. Vous ne pouvez point me laisser ici derriere vous, au risque de tout ce qui peut m'arriver pendant votre absence, & presque certaine en vous quittant, de ne vous revoir jamais. Il n'y a donc pour pour moi nul autre parti à prendre, que celui de partir avec vous. Nous retrouverons mon pere, ou nous périrons tous ensemble en le cherchant. Quelque étrange que fût cette proposition, je ne pouvois raisonnablement la combattre. Cependant, je lui fis appercevoir plusieurs raisons qui la rendoient presque impossible. Nous n'avions point de voitures, pour elle, sa fille, & Madame Riding, & pour leurs deux Femmes. Cette seule difficulté étoit insurmontable. Elle me répondit qu'elle la sentoit, & qu'elle n'en étoit point effrayée; qu'elles iroient à pied comme moi, aussi souvent que leur foiblesse le pourroit permettre; que si elles se trouvoient trop fatiguées, il seroit aisé de leur composer des brancards que je ferois porter par nos Abaquis, que si j'en prenois 2000 avec nous, ils pourroient se succéder tour à tour, & nous rendre ce ſervice ſans beaucoup de peine & d'embarras. Pour les proviſions de vivres, qui formoient une autre difficulté; elle ne put être arrêtée par la crainte d'en manquer, & elle ſe réſolut à faire comme moi ſon principal fonds ſur la prodigieuſe quantité de bêtes fauves qu'on trouve de tous côtés en Amerique, & que nos Sauvages ne manqueroient pas de tuer continuellement.

Nous partirons, lui dis-je en l'embraſſant, chere Fanny, nous partirons. J'admire votre courage, & je veux me perſuader que c'eſt pour lui donner un heureux ſuccès, que le Ciel vous l'inſpire. Je ne tardai point à communiquer notre réſolution aux Abaquis. Je ne leur en parlai que comme d'une Expédition que je voulois entreprendre pour venger leurs compagnons & pour délivrer Mylord. Toute la Nation s'offrit avec ardeur; mais faiſant beaucoup moins de cas du nombre, que du courage & du bon ordre, je déclarai que je ne voulois être accompagné que de ceux qui avoient été diſciplinés par Youngſter. C'étoit un Corps d'environ deux mille hommes, qui paroiſſoient tous réſolus

& vigoureux. Ceux que nous laissâmes dans l'Habitation, marquerent du chagrin de voir partir avec moi mon Epouse & toute ma famille; mais ils n'eurent pas néanmoins le moindre soupçon qu'ils alloient nous perdre pour toujours. Dans toute autre circonstance, nous n'eussions peut-être pas quitté sans quelque regret ce bon peuple, dans lequel nous n'avions trouvé pendant un si long séjour, que de la docilité, de la soumission & tous les témoignages d'un sincere attachement. Le souvenir de leurs bienfaits n'est jamais sorti de ma mémoire; & j'ai prié le Ciel pendant toute ma vie d'affermir parmi eux la connoissance & l'amour du bien, que je me suis efforcé de leur inspirer.

Quoique j'eusse borné le nombre de ceux qui devoient être de notre Expédition, je ne pus refuser la satisfaction de me suivre à quelques particuliers qui m'avoient été les plus affectionnés. J'eus regret de ne pouvoir l'accorder au vieil Iglou, qui, consultant moins son âge & ses forces, que son zéle, auroit entrepris de me suivre au bout du monde. Mais je consentis que Rem, sa fille, accompagnât mon Epouse : sans parler de son attachement qui méritoit cette récompense, je crus qu'il y auroit mille occasions où ses services pourroient être utiles à Fanny & à ma fille. Enfin nous partîmes, après nous être mis sous la protection du Ciel, & l'avoir sollicité mille fois par les plus ardentes effusions de notre cœur.

Ciel! quel départ, & quelle entreprise! Je sçavois à peine de quel côté tourner nos premiers pas. Je concevois seulement qu'étant dans la Floride au-delà des Monts Apalaches, j'avois au Midi le Golfe du Mexique, & à l'Orient les côtes de la Mer du Nord. Il me paroissoit assez vrai-semblable que les hommes blancs, dont les Sauvages m'avoient parlé, n'étoient autres que les Espagnols, qui devoient remonter quelque grande riviere depuis le Golfe du Mexique ; car je n'en connoissois point vers la Mer du Nord jusqu'à la pointe de Tegeste, qui fût de la grandeur de celle que le Sauvage m'avoit representée. Pour le *Desert de Drexara*, que j'appelle de ce nom en traduisant litteralement celui que le prisonnier Abaqui lui donnoit, je je n'en avois jamais entendu parler : l'unique connoiſſance que je puſſe en avoir, je la tirois de la comparaiſon que je faiſois de ſon récit, avec l'opinion où j'étois que les hommes blancs étoient des Eſpagnols ; & j'en concluois, que ce Deſert devoit être par rapport à nous, au Midi, ou un peu plus ſur la droite en tirant à l'Occident. A la verité, cela s'accordoit mal avec la route des trois Sauvages que j'avois envoyés à la Caroline, & avec la rencontre qu'ils avoient faite du priſonnier ; mais je ſçavois de leur propre aveu, qu'ils n'avoient point tenu de route certaine, & je jugeois par la longueur de leur marche, qu'ils s'étoient prodigieuſement égarés. Telles étoient les lumieres, ou plutôt les profondes obſcurités qui ſervoient de guides à notre malheureux voyage. Il faut néanmoins que je le confeſſe, pour ne pas donner une idée trop affreuſe de mon embarras ; j'avois un autre eſpoir, ſans lequel il y auroit eû une extrême folie à me précipiter ainſi dans un labyrinthe inexplicable. Je comptois ſur les éclairciſſemens que je pourrois tirer des diverſes Nations qui ſe trouveroient ſur notre route, & je n'appréhendois point leur rencontre, parce que j'étois assez bien escorté pour ne rien craindre de leur barbarie.

Nous marchâmes les huit premiers jours avec beaucoup de facilité. Quoique la chaleur fût assez grande, le zéle de mes Abaquis se soutenoit merveilleusement. Ils portoient sans répugnance les quatre Brancards des femmes; & comme ils se succedoient au moindre signe de lassitude, il ne me parut point qu'ils fussent fatigués de cet exercice. Je les animois d'ailleurs en marchant à leur tête; & sentant le besoin que j'avois de leur secours, je prenois un air de confiance & de résolution, capable de leur en inspirer. Cependant, soit qu'ils ne fussent point aussi endurcis à la fatigue que les Sauvages vagabons qui sont accoutumés à marcher continuellement, soit que la chaleur & le changement d'air pussent contribuer à les affoiblir, il y en eut un grand nombre qui se trouverent attaqués tout d'un coup d'une maladie dangereuse. Ce fâcheux accident nous contraignit d'arrêter. Je choisis pour prendre quelques jours de repos, une Prairie agréable, au long d'une Riviere, dont les bords étoient couverts d'arbres assez touffus pour nous défendre de l'ardeur du Soleil. Cette précaution n'empêcha point qu'il ne me mourût en deux jours trente de mes plus braves Sauvages. Je ne tardai point à m'appercevoir par les progrès du mal, qu'il étoit coutagieux. Je perdis quinze hommes le jour d'après, & l'on venoit m'avertir à tous momens qu'il y en avoit quantité d'autres qui étoient menacés du même sort. En moins de sept jours il s'en trouva huit cens de malades, & environ deux cens emportés par la force du mal. Plein d'une mortelle inquiétude pour le danger de mon Epouse, je la fis séparer avec ses femmes du gros de la troupe, & je défendis sous peine de mort aux Sauvages de s'approcher du lieu où elle étoit, Je chargeai Youngster du soin de veiller auprès d'elle, tandis que je m'occuperois à chercher quelque remede au mal de mes pauvres Abaquis. Mais le brave & fidele Younster fut atteint lui-même de cette funeste maladie, & je le vis expirer tristement deux jours après.

Le couroux du Ciel me pourſuivoit. De tant de malheureux qui expiroient à mes yeux, j'étois ſans doute le plus à plaindre, quoique la bonté de mon tempérament me ſoutînt contre l'air infecté que je reſpirois à tous momens. J'étois ſans ceſſe au milieu de mes Abaquis, à les exhorter, à les conſoler, à les interroger ſur la nature & les ſymptômes de leur mal. Je ſéparois les malades d'avec ceux qui ne l'étoient point encore; je faiſois tranſporter les morts, de peur que le danger n'augmentât par l'infection des cadavres; j'étois par-tout; je prêtois la main moi-même à l'ouvrage le plus pénible, je me ménageois moins que le plus miſerable de mes Sauvages. Cependant, il me venoit ſouvent à l'eſprit, qu'un zéle ſi inconſideré pouvoit devenir pernicieux à mon Epouſe. Je craignois, en retournant le ſoir auprès d'elle, de lui communiquer quelque choſe de l'air contagieux que j'avois reſpiré. Je pris le parti de me laver chaque jour dans la riviere, avant que de la revoir, & de me couvrir de peaux differentes de celles que je portois en viſitant les malades. Qu'auroit-ce été, si le mal m'eût attaqué moi-même! Affreuse crainte! J'en détournois mon attention, comme un criminel tâche d'éviter la pensée de son supplice. Je composois mon visage en m'approchant de Fanny, & loin de lui apprendre les progrès continuels de la maladie qui m'enlevoit tous les jours douze, quinze, & quelquefois vingt Abaquis, je la flattois par l'espoir d'un heureux changement. Elle feignoit de me croire, & dans le tems que je lui déguisois ainsi nos maux pour lui épargner le chagrin de les connoître, elle dissimuloit de même en affectant de les ignorer, de peur que ce n'en fût un nouveau pour moi que de l'y croire trop sensible.

Dans ce terrible desastre, ce fut un bonheur extrême, qu'elle, sa fille, & ses femmes se conservassent dans une santé parfaite. Nous passâmes trois semaines entieres dans le même lieu, sans la moindre apparence que nos miseres pussent diminuer. Il m'étoit mort environ quatre cens Sauvages, & le mal continuant à se répandre, j'étois menacé de les perdre tous avec le même malheur, Je résolus de changer d'air, en plaçant mon Camp sur une éminence qui ne paroissoit éloignée que d'une journée des vastes prairies où nous étions. Je donnai ordre aux Sauvages de se préparer au départ. Mais je crus m'appercevoir qu'ils ne recevoient pas volontiers cette nouvelle. Quoique le lieu où je voulois les conduire fût assez proche, il s'avançoit sur notre route, & quelques-uns d'entr'eux me firent connoître qu'ils s'attendoient moins à la continuer, qu'à retourner promptement vers leur Habitation. Nouveau sujet d'une extrême inquiétude. Je cessai de les presser, pour me donner le tems d'approfondir leurs dispositions. Je reconnus bien-tôt que leur refus n'étoit point un mouvement qui fût né tout d'un coup. Ils s'étoient assemblés plusieurs fois pendant la nuit, pour déliberer sur le parti qu'ils devoient prendre ; & la discipline s'étant beaucoup relâchée parmi eux depuis la mort d'Youngster, ils avoient murmuré contre moi, comme s'ils eussent dû m'accuser du malheur qui leur étoit arrivé. Je les trouvai donc si aigris & si mal disposés à l'obéïssance, que j'appréhendai de ne pouvoir les contenir long-tems dans le respect qu'ils avoient eû pour moi jusqu'alors. Les conséquences n'en pouvoient être que très-funestes. La moindre, & celle à laquelle je devois m'attendre naturellement, étoit de me voir abandonner tout d'un coup, & de demeurer avec ma famillle à la merci des bêtes, ou d'autres Sauvages aussi cruels qu'elles. J'employai pendant quelques jours les sollicitations & les instances, auprès de ceux dont la fidelité m'étoit moins suspecte, & je les engageai à faire eux-mêmes leurs efforts pour ramener l'esprit de leurs compagnons. Ils y travaillerent inutilement. La vuë même de cinq ou six cens de leurs semblables qui étoient encore atteints de la maladie, & qu'ils devoient par conséquent se résoudre à laisser après eux, ne fit nulle impression sur les rebelles, & n'eut pas le pouvoir de les faire consentir du moins à attendre leur rétablissement. Il sembloit qu'après avoir déclaré le desir qu'ils avoient de retourner sur leurs pas, ils eussent quelque chose à craindre s'ils differoient à partir. Ils étoient sourds à toutes mes raisons, ils refusoient de les entendre; semblables à un troupeau de bêtes qui ſe portent impétueuſement toutes enſemble vers le même lieu, lorſqu'elles y ſont déterminées par quelque mouvement dont elles ne voyent pas même la cauſe. Enfin, je ne reconnus plus dans mes bons Abaquis, qu'une troupe de Sauvages capricieux & infléxibles.

Le mal me parut ſans remede. Le ſeul qui me reſtoit, & que je me déterminai à tenter, acheva de me perdre, en donnant occaſion à ces miſerables d'executer tout à fait leur réſolution. Je les fis aſſembler autour de moi, & leur ayant reproché d'un air fier leur inconſtance & leur perfidie, j'ajoutai, que j'étois aſſez bien inſtruit néanmoins que le nombre des perfides étoit petit, & qu'il y en avoit beaucoup parmi eux qui étoient diſpoſés à me demeurer fidéles: que je voulois les connoître, & faire d'eux la diſtinction qu'ils méritoient, prêt à conſentir que les autres s'éloignaſſent pour jamais de ma préſence, & qu'ils retournaſſent ſur le champ à l'Habitation. Mon eſperance étoit, que la honte de paſſer publiquement pour perfides, les retiendroit peut-être malgré eux

eux dans le devoir. J'ordonnai en même-tems, que ceux qui vouloient m'abandonner passassent à ma gauche, & que les autres se tinssent à ma droite. J'observois leur contenance. Il se passa quelques momens, sans que personne osât quitter sa place. Ils se regardoient les uns les autres avec un air d'étonnement & d'incertitude. Enfin, quelques-uns des plus mutins s'étant placés brusquement à ma gauche, ils furent suivis aussi-tôt du plus grand nombre. A peine eurent-ils pris un moment pour se reconnoître, & s'assurer les uns des autres, qu'ils me tournerent le dos avec un grand cri, & qu'ils prirent la fuite tous ensemble en tirant vers l'Habitation. Il en restoit à ma droite plus de trois cent, dont j'avois lieu du moins de croire la fidelité assurée; mais ceux-ci même, voyant fuir leurs Compagnons, & ayant demeuré quelque tems comme incertains à les regarder, me quitterent tout d'un coup pour les suivre, sans que mes prieres ni mes reproches fussent capables de les arrêter.

Quelle idée pourrois-je donner ici de ma douleur & de ma consternation! ce sont-là de ces excès qui ne peuvent se représenter. Je demeurai absolument seul au milieu de la Prairie. Les deux Anglois qui me restoient ne quittant point mon Epouse, & le Quartier des malades étant à cinq cent pas dans un endroit couvert d'arbres, je ne me trouvai pas même accompagné d'un seul Sauvage de qui je pusse esperer le foible soulagement qu'on trouve à avoir quelqu'un pour témoin de ses peines. Ce n'étoit pas à mon Epouse que je voulois les confier : elle les eût partagées, & les siennes n'étoient propres qu'à augmenter mon désespoir. Il fallut les dévorer dans le fond de mon cœur. Je m'assis sur l'herbe, dans le lieu même où j'étois. Avec quelque rigueur que le Ciel parut s'obstiner à ma perte, j'y levai les yeux pour interesser sa bonté & pour attester sa justice. Je lui demandai, sinon les consolations qui pouvoient diminuer mes douleurs, du moins un secours de lumieres qui pût diriger ma conduite, & me faire voir quelque jour à l'esperance dans un état où je ne pouvois me persuader qu'il eût réduit personne avant moi. O Dieu, m'écriai-je mille fois, est-ce le désespoir qui vous honore ? Si c'est par bonté que vous formez vos Ouvrages, comment prenez-vous plaisir à les détruire? Que voulez-vous que je devienne? Que ferez-vous de Mylord, de ma malheureuse Epouse & de ma fille? Qu'ai-je donc gagné à vous invoquer, si vous n'écoutez jamais mes prieres? O Dieu! écoutez-moi, & prenez pitié de vos malheureuses Créatures.

Cependant, après avoir passé quelque tems dans ces agitations, je recueillis tous mes esprits, pour tirer des circonstances de notre misere les foibles ressources que je pourrois y appercevoir. Il me parut d'abord qu'il n'y avoit point à déliberer sur le lieu vers lequel nous devions penser à prendre notre chemin. Toute apparence d'espoir eût été vaine, excepté du côté des Abaquis. Lorsque j'eus reconnu entierement la nécessité de prendre ce parti, je me repentis amerement de n'avoir pas cedé à l'impatience des fugitifs. Mais ce regret étant inutile, j'examinai s'il y auroit désormais de la sureté pour nous, même parmi ces Sauvages, après le tour de perfidie dont leur jeunesse avoit été capable. Je m'imaginois qu'ils pourroient craindre que je ne les puniſſe; & la honte du crime, ou la crainte du châtiment, acheve quelquefois de faire violer tous les devoirs à ceux qui ne ſont encore coupables qu'à demi. Cependant, je me flatai que ma douceur pourroit me les reconcilier, & faire renaître en eux la confiance. Il y avoit deux difficultés qui me cauſerent beaucoup plus de crainte & d'embarras. L'une regardoit les perils de la route. Nous allions nous trouver expoſés à la rencontre & aux inſultes de tous ceux qu'il plairoit au Ciel d'amener ſur notre chemin; mais le danger étoit égal, de quelque côté que nous puſſions tournner, & nous n'euſſions pas été plus sûrs de l'éviter en nous déterminant même à ne pas changer de lieu. Il falloit donc s'en remettre à la Providence, & continuer d'implorer ſon ſecours. Le ſecond obſtacle étoit la fatigue d'une marche de dix jours, que les deux Dames & leurs femmes ne pouvoient avoir la force de ſupporter. Je n'avois que Rem & mes deux Anglois; du grand nombre de Sauvages qui étoient malades, il n'y en avoit pas un de qui je puſſe eſperer la moindre aſſiſtance. C'étoit une néceſſité que les deux femmes de chambre marchassent à pied, quelque peine qui leur en pût couter, & je me résolus à me charger moi-même de l'emploi de porter mon Epouse avec Rem, tandis que les deux Anglois rendroient le même service à Madame Riding.

Je pensai ensuite à ce qu'alloient devenir les miserables Sauvages que nous serions obligés de laisser derriere nous. La fâcheuse espece de maladie dont ils étoient atteints, les rendoit si foibles & si languissans, qu'ils n'avoient pas la force de se soutenir sur leurs pieds. Il en perissoit tous les jours à peu près le même nombre, & ma présence ne leur étoit assurément d'aucun secours. Cependant, en mettant mon cœur à l'épreuve, je ne me sentis point capable d'abandonner tant de malheureux à l'horreur d'un tel sort. Je ne leur étois d'aucune utilité pour la guérison de leurs maux; mais je remarquois qu'ils recevoient de la consolation de mes visites, & qu'ils en avoient de la reconnoissance en expirant. C'en fut assez pour me faire prendre la résolution d'attendre à partir jusqu'à ce que la maladie les eût emporté tous, & de continuer à leur rendre tous les bons offices qui étoient en mon pouvoir. Je considerois d'ailleurs, qu'ils n'avoient entrepris le voyage que par zéle pour mon service & par obéissance à mes ordres. Je crus leur devoir par reconnoissance, ce que je me sentois porté à leur accorder par tendresse de cœur & par humanité. La faim n'étoit pas un mal que nous dussions appréhender. Nos perfides Déserteurs, qui n'avoient point eû d'autre occupation que la Chasse pendant plus de trois semaines, nous avoient laissé une quantité immense de gibier qu'ils avoient fait secher au soleil, suivant leur usage; & nous trouvions à chaque pas dans la Prairie des œufs de diverses sortes d'oiseaux, dont nous faisions notre mets le plus délicat.

Ce plan étoit le plus raisonnable que la prudence pût m'inspirer dans une conjoncture si difficile. C'étoit même le seul auquel je pusse m'arrêter. Mais l'ascendant de ma mauvaise fortune devoit l'emporter sur tous mes projets, pour les détruire, ou pour les faire tourner à ma perte.

Je ne me hâtai point de retourner auprès de mon Epouſe plus promptement qu'à l'ordinaire : un air de trouble & d'empreſſement l'auroit trop allarmée. Je ne la vis que le ſoir, après avoir viſité mes malades & les avoir informé de la perfidie de leurs Compagnons, qu'ils apprirent avec une indignation furieuſe. Ils furent ſi vivement touchés de la promeſſe que je leur fis de demeurer avec eux, que leur reconnoiſſance éclata par mille témoignages. Je me crus payé dès ce moment de tout ce que j'avois fait pour eux. La nuit étant venue, je me rendis auprès de Fanny, qui ignoroit encore le départ de nos Infideles, parce que le lieu de ſa demeure étoit extrêmement à l'écart. Il étoit couvert d'une petite colline qui le ſéparoit de la Prairie, & qui étant ombragée d'arbres épais, arrêtoit juſqu'à une certaine hauteur la communication du mauvais air. Je lui avois conſtruit une Cabane de branches & de feuillages, où elle pouvoit être commodément avec ſes femmes ; de ſorte que ſans être fort à ſon aiſe, elle n'avoit du moins rien à ſouffrir des injures de l'air, ni rien à craindre de la contagion. J'obſervois exactement la coutume que j'avois prise, de me mettre nud dans la riviere à quelque distance de sa Cabane, & de changer d'habits avant que de m'en approcher. Quoique je me fusse replongé dans mes tristes méditations en quittant le Quartier des malades, & que je n'eusse point cessé de m'affliger jusqu'au moment que je la vis, je pris une contenance paisible en entrant dans sa Cabane. Elle me demanda de mes nouvelles, & de celles de mes Compagnons. Ils sont partis, lui répondis-je tranquillement. Il n'en seroit point échappé un, s'ils étoient demeurés ici plus long-tems. Nous serons obligés nous-mêmes de retourner à l'Habitation, aussi-tôt que nos malades seront morts ou guéris.

L'air calme de mon récit n'empêcha point que sa surprise ne fût extrême. Elle me regarda fixement pour démêler ma disposition dans mes yeux, comme si elle se fût doutée qu'un évenement si subit & si peu attendu avoit une cause extraordinaire. Madame Riding ne marqua pas moins détonnement, & elles s'efforcerent toutes deux de me faire expliquer davantage. Je demeurai ferme à leur cacher la verité : je convins même qu'il y avoit de la justice dans le reproche qu'elles me firent, d'avoir manqué de prudence en ne retenant pas du moins un certain nombre d'Abaquis pour nous servir d'Escorte. Ce fut ainsi que tout le poids de cette terrible avanture tomba sur moi seul, & que je m'accoutumai plus que jamais à prendre un front de Philosophe au milieu de mes plus cruelles douleurs.

Avant que la maladie des Sauvages parut se relâcher, il se passa cinq semaines, qui furent pour moi cinq années d'un cruel martyre. Les réflexions continuelles que je faisois sur mon sort, mes allarmes qui ne pouvoient diminuer tant que je ne verrois point de ressource assurée contre les perils de notre retour, la violence que je me faisois pour les cacher, me firent sentir dans ce court espace plus de tourmens réunis que je n'en avois éprouvé dans toute ma vie. Enfin, la contagion cessa tout-à-fait, & de plus de cinq cent Abaquis qui étoient demeurés malades au départ de leurs Compagnons, à peine nous en resta-t'il soixante. Je pensai néanmoins à partir avec ces tristes restes qui étoient échappés au courroux du Ciel. J'en fis la proposition à mon Epouse. Elle versa des larmes en la recevant. Je crus comme elle, que sa douleur ne venoit que de la nécessité où nous nous trouvions d'abandonner l'entreprise que nous avions formée pour le salut de Mylord. Cette raison sans doute justifioit assez sa tristesse & la mienne. Mais elle m'a confessé depuis qu'il se passoit alors dans son cœur des mouvemens plus vifs encore que ceux qui devoient y être excités par nos malheurs présens, soit que ce fut l'obscurité de notre sort qui lui causât des agitations qu'elle ne pouvoit démêler, soit que ce fut en effet un pressentiment de l'horrible catastrophe où le Ciel vouloit nous conduire avant que de nous faire quitter l'Amerique.

C'est un récit simple que je promets ici. L'évenement tragique que je suis au moment de raconter, n'a besoin, ni de préparations, ni d'ornemens pour émouvoir un Lecteur qui n'est pas né barbare, & qui n'a point honte d'être homme; c'est-à-dire, sensible aux mouvemens d'une juste compassion. Qu'on ne s'attende pas même, qu'en rapportant ce qui m'est arrivé, j'entreprenne d'exprimer ce que j'ai senti. L'expression de la parole n'est qu'une invention de l'art; image infidele, qui répondroit trop mal aux sentimens les plus vifs & les plus intimes de la Nature.

Nous partîmes. Mon Epouse trembloit en se mettant sur le brancard. Elle portoit sa fille dans ses bras. J'embrassai tendrement ces deux chers objets de mon affection, & je les recommandai intérieurement aux Puissances superieures qui sont chargées du soin de l'innocence. Quelque foible que fut encore la santé de mes Abaquis, ils ne souffrirent point que je misse la main au brancard. Ils partagerent entre eux cette fatigue, & se releverent successivement. Madame Riding fut portée de même. Je marchois près de mon Epouse, occupé de tout ce que j'avois à esperer & à craindre; mais sur tout de la réception à laquelle je devois m'attendre dans l'Habitation des Abaquis. Notre marche duroit depuis deux jours, & nous suivions sans difficulté la route par où nous étions venus. Quelques-uns de mes Sauvages, à qui j'avois fait prendre les devans par précaution, avec ordre d'avoir ſans ceſſe les yeux ouverts pour obſerver les environs, s'arrêterent au ſommet d'une colline. Après quelques momens d'une conſideration fort attentive, ils retournerent bruſquement vers nous en courant avec une vîteſſe extraordinaire. Comme ils étoient à plus de mille pas de diſtance, je m'arrêtai pour les attendre, dans l'eſperance que s'il nous apportoient quelque nouvelle fâcheuſe, j'aurois le tems de m'écarter à droite ou à gauche avec toute ma ſuite. J'avois les yeux tournés continuellement vers eux. A peine furent-ils au bas de la colline, que je vis paroître au ſommet qu'ils venoient de quitter, vingt ou trente perſonnes qui ſembloient les pourſuivre, & qui ceſſerent néanmoins tout d'un coup d'avancer, lorſqu'ils eurent apperçû ſans doute le gros de mes gens qui s'étoient réunis autour de moi. Vingt ou trente ennemis n'étant point un nombre que je puſſe craindre, je ne crus pas devoir donner le moindre ſigne de frayeur, d'autant plus qu'ils nous avoient découvert, & que notre fuite ne pouvoit être aſſez prompte pour leur ôter le moyen de nous joindre, ſi c'étoit leur deſſein. Je réſolus même, après un moment de déliberation, de faire marcher une partie de mes Sauvages au-devant d'eux, ſous la conduite des deux Anglois, pour prévenir leur attaque s'ils venoient avec de mauvaiſes intentions, & de demeurer auprès de mon Epouſe avec quinze Abaquis, que je retins comme un Corps de réſerve. Pendant que je faiſois cette diſtribution, je découvrois de nouveaux-venus qui arrivoient comme à la file. Le nombre s'en accrut tellement, que je ne doutai point qu'ils ne fuſſent déja plus de cinq ou ſix cent. Je ſentis auſſi-tôt que j'avois beſoin du ſecours du Ciel, & que ni la valeur ni la prudence ne pouvoient me tirer heureuſement d'un pas ſi dangereux.

O Dieu! vous ſçavez avec quelle ardeur je vous invoquai. Autant de ſoupirs qui ſortirent du fond de mon cœur, autant de prieres enflâmées qui ſolliciterent votre puiſſante aſſiſtance. Je conjurai mon Epouſe de demeurer ſur ſon brancard, & je lui confeſſai en deux mots, que nous étions à l'extrêmité du peril. Cependant, lui dis-je, rendez-vous maîtreſſe de votre crainte; ne faiſons rien avec imprudence: c'eſt quelquefois dans le dernier danger, que le Ciel fait éclater son secours, & peut-être est-ce à ce moment qu'il nous le réserve. J'avois le cœur si serré en lui tenant ce discours, qu'il n'étoit point capable de s'ouvrir à l'esperance. Je l'embrassai. Elle me pria de ménager ma vie & de penser que je me devois à elle & à ma fille. Je ne lui repondis point, de peur d'augmenter son trouble en lui laissant voir le mien; & me contentant de lui serrer la main, je la quittai, résolu d'aller en personne au-devant de nos ennemis.

J'avois deux raisons qui me portoient à prendre ce parti; l'une étoit la crainte que le combat se livrant trop près des femmes, elles ne fussent exposées à l'atteinte des fléches; l'autre, une envie pressante de tenter le caractere des Sauvages, avant que d'en venir aux mains & que de leur laisser le tems de s'approcher davantage. Mes Avant-coureurs n'avoient point d'autre éclaircissement à me donner, que celui que je pouvois prendre par mes propres yeux. Ils s'étoient mis à fuir, comme j'ai dit, aussi-tôt qu'ils s'étoient vû poursuivis. N'ayant donc plus un moment à perdre, je laissai les deux Anglois avec mon Epouse, & me faisant suivre de mes soixante Abaquis, je marchai assez fierement vers nos ennemis, qui s'avançoient avec plus d'ordre que je n'en eusse attendu d'une troupe de Sauvages. Surpris peut-être de nous voir une contenance si résolue malgré notre petit nombre, ils s'arrêterent à cent pas de nous. Je continuois d'aller vers eux, & mon dessein étoit de me détacher seul pour les aborder avec des signes de paix & de soumission. Mais lorsque nous eûmes fait quelques pas davantage, un Abaqui me dit que nous étions perdus, & qu'il reconnoissoit les Rouintons. Ce nom me pénétra d'horreur jusqu'au fond de l'ame. O Dieu! les Rouintons! Je demeurai comme immobile, sans sçavoir à quoi me déterminer. Eux qui reconnurent presque aussi-tôt mes Compagnons pour des Abaquis, ne tarderent pas un moment à décocher sur nous une grêle de fléches. Les Abaquis avoient été soutenus jusqu'alors par la confiance qu'ils avoient en moi; mais ils me tournerent le dos, lorsqu'ils virent quels ennemis ils avoient à combattre. Si leur petit nombre rendoit leur fuite excusable, elle ne leur en fut pas moins inutile ; car leurs cruels ennemis les poursuivirent avec tant d'ardeur, qu'il n'y eut point un seul de ces miserables assez heureux pour leur échapper.

Au moment qu'ils commencerent à fuir, j'étois encore à trente pas du moins des Rouintons. Peut-être aurois-je pris aussi le parti de la fuite, si je n'eusse eû que ma vie à conserver ; mais j'étois résolu au contraire de la sacrifier mille fois, pour un interêt qui m'étoit bien plus cher qu'elle ; & si je ne pouvois la rendre utile à mon Epouse & à ma fille, le seul bonheur que j'eusse à souhaiter étoit de la perdre. Un instant de réflexion me fit comprendre que je ne devois rien esperer de la résistance. Je jettai mes armes à terre, pour ôter aux Rouintons la pensée que j'eusse dessein de m'en servir. Quelques-uns se saisirent de moi, pendant que leurs Compagnons étoient à la poursuite des Abaquis. Ils reconnurent aisément que je n'étois point de la Nation qu'ils haïssoient, & ils demeurerent quelque tems à examiner la maniere dont j'étois vêtu, sans faire paroître qu'ils eussent dessein de me maltraiter.

Quoique

Quoique leur langage ne fût pas tout-à-fait le même que celui des Abaquis, j'y trouvai assez de ressemblance pour esperer qu'ils pourroient m'entendre. Braves Ameriquains, leur dis-je, d'un ton humble & suppliant, je ne suis pas votre ennemi. Je suis un malheureux Etranger, que le hazard a conduit dans ce désert, & qui ne venoit à vous avec les Abaquis que pour vous demander de la protection & de l'amitié. J'implore votre pitié pour ma vie & pour celle de ma famille qui va tomber aussi entre vos mains. Laissez-vous toucher par la misere d'un homme qui ne vous a jamais offensé. Ces impitoyables Sauvages se regarderent les uns les autres, en riant, ou plûtôt en grinçant les dents d'une maniere effroyable. Leurs regards étoient vifs & brillans, mais de cet air cruel & malin, qu'on represente ordinairement dans les yeux d'un Tigre. Leur taille étoit courte & ramassée, & presque tous avoient la bouche d'une grandeur démesurée. Je jugeai qu'ils n'avoient point encore apperçû mon Epouse; car ayant tourné les yeux de son côté lorsque je leur eus parlé d'elle, ils prirent leur course vers le lieu où elle étoit. Les plus prompts la joignirent en un instant, tandis qu'un petit nombre me conduisoit après eux en me tenant les deux bras. Je me sentois défaillir de crainte, & je me croyois au mortel moment d'éprouver tout ce qu'un pere & un Epoux ont à redouter de plus funeste.

J'arrivai néanmoins auprès du brancard. J'y trouvai Fanny sans connoissance, & ma fille dans ses bras, en danger de se tuer en tombant. Peut-être les Sauvages crurent-ils mon Epouse morte, car ils la laissoient seule sans le moindre secours, & ils s'occupoient à considerer Madame Riding & les deux femmes, qui sans être tombées évanouies, avoient perdu la parole de frayeur & de saisissement. N'ayant rien à ménager dans une si terrible circonstance, je me dégageai assez violemment des mains de ceux qui me retenoient, & je me jettai sur le visage de mon Epouse, avec des mouvemens trop confus pour être représentés. Je soutins ma fille d'une main; tandis que je m'efforçois de ranimer sa malheureuse mere, en serrant mes levres contre les siennes, pour lui communiquer une partie du peu de forces qui me restoient. Elle ouvrit à la fin les yeux. Où est ma fille, dit-elle dans son premier mouvement ? & voyant que je la tenois entre mes bras, oh ! Cleveland, s'écria-t'elle, avec un soupir qu'elle avoit à peine la force de pousser, donnez-moi mon enfant ; ne me quittez pas ; je sens que je n'en puis plus ; nous sommes perdus, n'est-ce pas, & il n'y a plus rien à esperer ? Je n'eus le tems de lui dire que deux mots de consolation. Je la conjurai de prendre un peu de courage. Le Ciel, lui dis-je, ne peut nous abandonner sans cruauté. Soutenez-vous un moment. Ils ne m'ont point encore maltraité, & peut-être se laisseront-ils fléchir.

Pendant ce tems-là, ceux qui avoient poursuivi les Abaquis, n'ayant point tardé à leur couper le chemin & à les arrêter, revenoient triomphans avec leur proye, & s'approchoient de nous en poussant des cris qui me glaçoient d'horreur. Ils furent à nous en un instant. La foule de ceux qui eurent la curiosité de voir mon Epouse, m'écarta d'elle en me pressant de tous côtés. Ils ne lui firent point d'insulte ; mais elle eut à essuyer les regards d'une multitude d'hommes affreux, qui augmentoient sa frayeur en prenant ses mains pour les considerer, ou en fixant leurs yeux féroces sur les siens. Je continuois de tenir ma fille dans mes bras. Il n'y avoit point moyen d'employer les prieres, ni même de les faire entendre, dans l'agitation où je voyois cette Troupe furieuse, & parmi le bruit confus des cris continuels de leur joye. A qui d'entre eux me serois-je adressé? Il sembloit qu'ils me méprisassent & qu'ils me comptassent pour rien, en me voyant porter ma fille d'un air abattu. Ils ne faisoient plus d'attention à moi. Je vins à bout de me rapprocher de mon Epouse, & la foule diminuant autour d'elle, je m'assis à terre près de son brancard. Je ne sçai point encore, lui dis-je, à quoi nous devons nous attendre. Esperons que le Ciel fera quelque chose en notre faveur. C'est déja beaucoup qu'ils nous ayent épargné dans le mouvement de leur premiere furie. La malheureuse Fanny étoit dans un abattement qui ne lui permettoit guéres de répondre. Elle me demanda sa fille. Ses larmes, que la frayeur avoit comme étouffées jusqu'alors, commencerent à couler lorsqu'elle eut son enfant entre ses bras. Elle l'embrassa mille fois. O Dieu! s'écria-t'elle, je serois trop heureuse d'être morte; mais sauvez mon Epoux & ma pauvre fille. Elle eut quelque consolation en voyant auprès d'elle Madame Riding & ses femmes, à qui l'on n'ôta point la liberté de s'approcher.

J'étois tremblant d'inquiétude, en attendant à quoi tous les mouvemens des Sauvages pourroient aboutir. Ils s'étoient assemblés en cercle à quinze pas de nous, avec les Abaquis au milieu, & ils paroissoient déliberer sur le sort de ces miserables Prisonniers. Enfin, la foule s'ouvrit, & se partagea en six bandes. Les soixante Abaquis furent divisés dans le même nombre, & chaque bande en eut ainsi une part égale. Aussi-tôt l'on ramassa du bois de toutes parts, & l'on fit d'autres préparatifs qui devoient être vraisemblablement les préludes d'un funeste Sacrifice. Je ne doutai point que les Rouintons n'eussent pris le dessein de faire perir leurs ennemis par le feu. Je plaignis amerement ces malheureuses victimes, & je m'affligeai de la nécessité où j'étois d'être témoin de leur ſupplice.

Mais ce qui me ſurprit au dernier point, fut de les voir non ſeulement fermes & tranquilles, mais gais même juſqu'à chanter & à donner des témoignages de joye, eux qui m'avoient paru conſternés de crainte un moment auparavant, & qui ne pouvoient ignorer le ſort cruel auquel ils étoient deſtinés. Il ſembloit qu'ils vouluſſent inſulter à leurs ennemis, & qu'ayant perdu toute eſperance de ſe ſauver de leurs mains, ils euſſent pris, comme de concert, la réſolution de braver leur cruauté, & de ne pas marquer la moindre foibleſſe. Je les entendis qui ſe vantoient hautement d'avoir fait à pluſieurs Rouintons le même traitement qu'ils alloient eſſuyer, & d'en avoir maſſacré ou brulé un grand nombre dans leurs dernieres guerres. Enfin, les feux étant allumés, les Rouintons de chaque bande prirent trois ſeulement de leurs Captifs; & au lieu de les jetter au milieu des flâmes, comme je me l'étois imaginé, ils les lierent à des pieux qui en étoient extrêmement proches, de ſorte que ces pauvres Abaquis ſentoient les plus vives ardeurs du feu, qui fit changer en un moment leur peau de forme & de couleur. Ils furent ainsi rôtis peu à peu, sans rien perdre de leur constance. Leurs Compagnons, qui s'attendoient au même sort, ne laissoient pas de les exhorter à la patience & au courage, tandis que leurs cruels ennemis poussoient des cris de joye & sautoient autour d'eux, en leur faisant toutes sortes d'insultes.

Ce n'étoit que le commencement d'une scene, dont la fin devoit être infiniment plus affreuse. Lorsque les trois Abaquis dans chaque bande eurent enfin perdu la connoissance & ensuite la vie, les Rouintons les détacherent de leurs pieux, & ayant achevé de les rôtir, ils s'assirent en rond pour faire la distribution de cette horrible viande. Les cadavres furent coupés en morceaux. Chacun en reçut sa part, & ils commencerent avec mille marques de joye le plus effroyable de tous les festins. Nous avions eû jusqu'alors la force de les regarder, & nous nous étions livrés à la compassion en voyant bruler les malheureux Abaquis; mais l'horreur de ce dernier spectacle nous fit baisser la tête, & fermer les yeux,

Nous demeurâmes dans cette situation pendant tout le reste de cet abominable repas, sans pouvoir même ouvrir la bouche pour exprimer notre consternation.

Je ne sçai quelles étoient les pensées de mon Epouse. Les miennes étoient si confuses, qu'il me seroit difficile d'en rendre compte. Un Lecteur pénétrant s'imagine bien que mon trouble ne venoit pas uniquement de la vûe d'une scene si barbare, & que le tems que le simple mouvement de l'humanité me faisoit prendre tant d'interêt au sort des Abaquis, j'étois en proye à des allarmes d'une autre sorte. Quoique la maniere dont les Rouintons avoient commencé à nous traiter ne nous menaçât de rien de funeste, & que je sçusse certainement que n'étant point Antropophages d'habitude, mais seulement dans les occasions où la plûpart des Sauvages d'Amerique le sont comme eux ; c'est à dire, à l'égard des Prisonniers ennemis qu'ils font à la guerre, je ne devois rien conclure d'effrayant pour nous de la barbarie avec laquelle ils traitoient les Abaquis ; cependant, je ne me sentois point aussi

rassuré

rassuré par ce raisonnement, que j'étois tourmenté par mes craintes. L'esprit a beau s'armer de force ; ce n'est pas toujours sur la grandeur du péril que se mesure l'épouvante, c'est sur l'importance des choses qu'on peut perdre.. Ne devois-je pas trembler pour tout ce que j'aimois ? N'étions-nous pas au pouvoir d'une troupe cruelle de Sauvages ? Pouvions-nous nous défendre contre eux, si l'envie leur prenoit de nous insulter ? Elle ne leur prendra point : Ah ! raison trop foible pour calmer une si terrible & si juste inquiétude. En supposant d'ailleurs, avec l'assurance même la plus parfaite, que l'exemple des Abaquis ne nous annonçât rien de trop affreux, voyois-je clair de moment en moment dans celui où j'étois prêt d'entrer ? Entre mille choses que je pouvois craindre, s'en offroit-il une qui pût m'inspirer un favorable sentiment d'espérance ? Le plus heureux tour de notre fortune pouvoit-il être autre chose qu'une extrême misere ? Je considerois ainsi mes maux sous toutes leurs formes. Loin de chercher à me flater, je me representois successivement tout ce qui pouvoit m'arriver de plus redoutable ; & après m'être si peu ménagé dans ce triste examen, il se trouva que le coup dont j'étois menacé fut plus affreux que tous mes pressentimens, & plus horrible que toutes mes craintes.

Les six bandes de Rouintons s'étoient postés de telle sorte, que nous en étions comme environnés. La plûpart se livrerent au sommeil, après leur exécution inhumaine. Il me parut néanmoins qu'ils n'étoient pas si dépourvus de raison & de bon sens, qu'ils ne sçussent se conduire avec quelque ordre & prendre certaines précautions. Je remarquai qu'ils avoient nommé des gardes pour veiller sur les prisonniers. Quelques-uns s'aprocherent de moi. Je pris ce moment pour les prier avec douceur de s'expliquer sur la maniere dont ils se proposoient d'en user avec nous. Mais, soit qu'ils n'entendissent pas assez bien mon langage, soit que notre tranquillité leur inspirât du mépris pour notre petite troupe ; ils ne daignerent point me répondre autrement que par des grimaces & des éclats de rire. Je tentai inutilement de les toucher par mes prieres & mes instances. La nuit étant venuë, nous fûmes gardés avec autant de ſoin que les priſonniers Abaquis. Le lendemain, nous vîmes avec le même effroi recommencer la fête cruelle, qui devoit durer autant qu'il y auroit d'Abaquis à dévorer. Elle fut terminée le quatrième jour. Nous avions heureuſement les proviſions dont nous nous étions munis pour notre route. On nous les laiſſa. J'eus beaucoup de peine à perſuader à mon Epouſe de prendre quelque nourriture pour ſe ſoutenir.

Enfin, nos ennemis n'ayant plus rien qui dût les retenir dans le lieu où nous étions, j'attendois avec une frayeur inexprimable quel parti ils prendroient par rapport à nous J'obſervois tous leurs mouvemens. Ils ſe diſpoſerent à partir, & vingt-cinq ou trente d'entr'eux s'étant approchés de moi, me firent entendre qu'il falloit nous lever pour les ſuivre. Nous obéïmes ſans difficulté. Mon deſſein étoit de faire porter le brancard de Madame Riding par mes deux Anglois, & de me charger avec Rem de celui de mon Epouſe: mais les Barbares, voyant que nous nous y diſpoſions, nous ôterent les brancards, les mirent en piéces, & nous contraignirent de marcher. Je pris ma Fille sur un de mes bras, & je prêtai l'autre à mon Epouse pour lui servir d'appui. J'ordonnai aux Anglois de rendre le même service à Madame Riding, qui étoit d'un âge & d'une grosseur à ne pouvoir faire cent pas sans secours. Nous marchâmes environ demie heure dans ce triste état. Il fut impossible à Madame Riding d'avancer davantage. Elle se laissa tomber en poussant un profond soupir, & elle me dit que ne pouvant aller plus loin, elle étoit résoluë de mourir dans ce lieu. Un mouvement secret sembla m'annoncer tout d'un coup ce qu'elle avoit à craindre. Je l'exhortai en vain à prendre courage, & à rappeller toutes ses forces. Rien ne pouvant l'engager à se lever, ou plutôt ses forces ne suffisant plus pour cela, les Sauvages s'approcherent d'elle. Ils s'arrêterent quelque temps à la considerer. Ensuite s'étant mis à déliberer ensemble, ils pousserent un grand cri lorsqu'ils eurent pris leur résolution, & la plûpart s'assirent autour de nous. Je m'étois senti, malheureusement, le bras si fatigué d'avoir porté ma fille, que ne pouvant plus la soutenir, j'avois pris ce moment pour me ſoulager en la remettant à une des femmes de mon Epouſe. Les Rouintons s'en apperçûrent, & ce fut apparemment ce qui leur fit envelopper cette malheureuſe petite créature dans la ſentence portée contre Madame Riding. L'envie qu'ils avoient de marcher promptement, leur fit naître celle de ſe délivrer de tout ce qui pouvoit retarder notre route.

Je cherche des raiſons pour juſtifier leur barbarie. Hélas! j'en cherche; car qui croiroit ſans cela que ſous une figure ſemblable à la nôtre, il y ait des monſtres capables de ſe porter volontairement au dernier excès d'inhumanité? Madame Riding fut d'abord ſaiſie brutalement par une douzaine de ces cruels. Elle jetta des cris, que le bruit de ceux qui l'environnoient ne me permit pas d'entendre long-temps. Je la perdis même de vûë dans la foule. Un inſtant après, quelques Sauvages arracherent ma fille des bras de la Suivante. Ah! trop certain de leurs intentions, je me précipitai ſur eux avec tranſport; j'en abbatis pluſieurs qui s'oppoſoient à mon paſſage; j'allai, je parvins juſqu'à ma fille. Mais quel fruit pouvois-je attendre de mes efforts? Elle fut enlevée à mes yeux. Je fus retenu & terrassé. On arrêta de même mon Epouse, qui s'étoit élancée sur nos barbares ennemis avec autant de furie que moi. On arrêta mes Anglois, les deux Femmes; & ma résistance ne diminuant point contre ceux qui me tenoient à terre, ils prirent le parti de me lier les pieds & les mains, & de faire ensuite la même chose à tous ceux qui m'appartenoient.

Je demeurai hors d'état de faire le moindre mouvement. Ma raison, comme obscurcie par l'émotion de tous mes sens, m'abandonna jusqu'à un tel point, que je mordis la terre dans ce premier transport, & que ne songeant pas plus à ce que je devois à mon Epouse, qu'à ce que je me devois à moi-même, je ne fus capable pendant quelques momens ni de penser ni de réfléchir. Une violente palpitation de cœur m'ôta même le pouvoir de pousser des cris & des plaintes. Il m'échapoit à peine quelques mots, foibles & entre-coupés: O! ma fille! O! mon enfant! O! barbares qui me la ravissez! Mon visage, que je serrois contre la pouſſiere, étoit couvert de pleurs; & je ſentois dans le fond de mes entrailles des déchiremens plus cruels mille fois qu'on ne ſe repréſente les douleurs de la mort.

Cependant, mon Epouſe étoit à quatre pas de moi, dans une poſture à peu près pareille à la mienne. Plus heureuſe que moi dans ce premier moment de ſaiſiſſement & d'horreur, elle avoit perdu toute connoiſſance, & la mort ne l'auroit pas rendu plus immobile. Je ne tardai point à tourner ma triſte attention ſur elle, & à penſer au beſoin qu'elle pouvoit avoir de mon ſecours. J'ouvris les yeux; je la vis dans l'état que je viens de décrire. Qu'on s'imagine, s'il ſe peut, quel fut le mien, partagé comme j'étois preſqu'également entre les mouvemens de la tendreſſe paternelle, & de l'amour conjugal. Je rampai juſqu'à elle. Je retrouvai la voix, pour lui adreſſer mille choſes tendres & touchantes. Elle étoit pâle & ſans chaleur. Son évanouïſſement fut très-long-tems à finir. Les Rouintons qui étoient autour de nous regardoient ſans paroître émus, & ſans nous offrir le moindre ſecours. Ne lui voyant nulle apparence de ſentiment & de vie, je la crus morte en effet, & je formai auſſi-tôt la réſolution de ne pas lui ſurvivre. Je m'étendis auprès d'elle le plus décemment qu'il me fut poſſible, je conjurai le Ciel d'abreger mes peines par une prompte mort ; & je fermai les yeux, avec le deſſein obſtiné de ne les rouvrir jamais.

En priant le Ciel de m'ôter la vie, c'étoit une faveur que je lui demandois; & il n'avoit pas deſſein de m'en accorder. Il eût été trop heureux pour Fanny & pour moi, que la terre ſe fût ouverte pour nous recevoir enſemble & nous cacher éternellement dans un même tombeau. Nous étions condamnés à vivre long-tems, & à ſouffrir toujours. Je demeurai plus d'un quart-d'heure dans la ſituation où je m'étois mis à ſon côté. A force de ſouhaiter la mort, je m'étois perſuadé vivement qu'elle ne pouvoit être éloignée, & la penſée que mes tourmens alloient finir, contribua peut-être un peu à les diminuer. Cependant un leger mouvement de mon Epouſe m'ayant fait connoître qu'elle reſpiroit encore, je ſortis de cette douloureuſe léthargie, pour lui être de quelque secours. Je l'appellai par ſon nom; elle me répondit par le mien, & un inſtant après, elle me demanda triſtement ce que que je croyois que ſa fille fût devenuë. L'Amour, plus fort que tous les maux, me fit comprendre auſſi-tôt qu'elle ne ſe figuroit point notre malheur auſſi terrible qu'il l'étoit. Je réſolus d'aider à ſon erreur, en détournant ſa crainte du côté ſur lequel elle devoit tomber; & m'applaudiſſant de ce deſſein qui pouvoit lui épargner un renouvellement de mortels douleurs, j'en tirai aſſez de force pour affermir le ton de ma voix, & pour imaginer une réponſe conforme à ſa penſée. Vous le ſçavez, lui dis-je, le Ciel a permis que les barbares Rouintons nous l'ayent enlevée. Quelque part qu'ils la conduiſent, eſperons qu'il ne lui refuſera point ſon ſecours. C'eſt un malheur qui eſt maintenant ſans remede. Ils ont emmené avec elle Madame Riding. Apparemment que voulant nous conduire plus loin, ils ont jugé à propos de les envoyer toutes deux dans quelque Habitation voiſine, parce qu'ils appréhendent qu'elles ne nous causent de l'incommodité sur la route. Ah! s'écria-t-elle, qu'ont-ils fait de ma fille? Je ne veux point vivre un moment, s'ils ne me la rendent. Je l'interrompis, pour la confirmer de plus en plus dans l'opinion où je continuois d'appercevoir qu'elle étoit. Je lui fis un reproche tendre, de ce qu'elle parloit de mourir si on ne lui rendoit sa fille. Vous la préferez donc à moi, lui dis-je, & vous ne voulez pas regarder mon amour & ma présence comme deux fortes raisons qui vous obligent de vivre? Nous retrouverons notre enfant: un heureux hazard, tel que nous en avons éprouvé mille fois, peut nous la rendre au moment que nous y penserons le moins. Mais que deviendrois-je, si vous alliez vous obstiner à haïr la vie? & que dois-je penser de votre amour, s'il ne vous fait pas préferer à la mort le plaisir de vivre avec moi? J'ajoutai quantité de raisons aussi pressantes, sans lui laisser le tems de répondre; & je lui fis confesser enfin, que de quelque maniere qu'il plût au Ciel de disposer de notre fille & de tout ce qui nous appartenoit, nous devions chercher notre consolation dans l'assurance d'être aimés l'un de l'autre, & dans la faveur que les barbares nous faisoient de ne pas nous séparer.

Il n'y avoit qu'un secours extraordinaire du Ciel, qui pût m'inspirer la fermeté dont j'avois besoin pour arrêter ainsi le désespoir de mon Epouse; car ayant tourné la tête dans le tems même que je lui parlois, j'apperçus à cinquante pas de nous, la flâme qui s'élevoit au dessus du cercle des Sauvages; & je ne pus douter que ma fille & Madame Riding ne servissent alors de proye aux flâmes, pour servir ensuite de pâture à nos cruels ennemis. Qu'un pere, s'il en est d'aussi tendre que moi, se transporte un moment dans ma situation: qu'il pese mes tourmens, qu'il en juge; & s'il sent que la seule compassion l'émeut assez vivement pour l'intéresser à cette funeste avanture, qu'il conçoive ce que j'ai dû ressentir en l'éprouvant; & qu'il m'accorde le triste avantage auquel je prétens, d'avoir été pendant toute ma vie le plus malheureux de tous les hommes.

Je me fis donc assez de violence, non seulement pour déguiser à Fanny l'excès de ma douleur, mais pour prendre soin encore de ne pas lui laiſſer appercevoir ces terribles flâmes, qui lui euſſent peut-être fait naître quelque ſoupçon. Je m'aſſis de maniere, que couchée à terre, comme elle étoit, il lui fut impoſſible de les découvrir. Je lui fis même entendre, que les Sauvages ne s'étoient aſſemblés à quelque diſtance de nous, que pour choiſir entr'eux ceux qu'ils deſtinoient à conduire Madame Riding & ma fille juſqu'à l'Habitation la plus voiſine. Ces liens dont elle voyoit ſes mains chargée, auſſi-bien que les miennes, & qu'on lui avoit mis dans ſon évanouïſſement, je lui confeſſai que c'étoit une précaution que les Sauvages avoient priſe pour nous ôter la penſée de ſuivre notre enfant, & pour m'empêcher de rien entreprendre pour ſa délivrance. Enfin, je donnai un tour ſi aiſé à mes diſcours, & à toutes les réponſes que je fis à ſes objections, que ſi je ne diminuai point ſa douleur, je prévins du moins les tranſports où notre infortune l'auroit jettée, ſi elle en eût connu toute la tragique étenduë.

Nos gens étoient auprès de nous. Ils voyoient comme moi le feu du bucher,

& ce ſpectacle parloit ſi clairement, qu'ils ne pouvoient en ignorer le ſens funeſte : mais ils eurent aſſez de pénétration pour entrer dans le deſſein de la tromperie innocente que je faiſois à mon Epouſe. Ce ne fut que deux mois après qu'elle fut informée ouvertement de la mort de Madame Riding & de ſa fille ; encore eus-je le ſoin de lui en cacher les horribles circonſtances.

Je fis durer l'entretien que j'avois avec elle, & la ſituation dans laquelle nous étions elle & moi, juſqu'à ce que le retour des Sauvages me fit connoître que leur barbarie s'étoit entierement ſatisfaite. Je leurs tendis alors les bras, pour obtenir que nos liens nous fuſſent ôtés. Ils nous accorderent cette grace. Je fis prendre auſſi-tôt à mon Epouſe quelques rafraîchiſſemens, qu'elle conſentit à peine à accepter. Je craignois que la foibleſſe, qui ne pouvoit manquer de lui demeurer après tant d'émotion, ne l'empêchât de marcher ; & cette crainte n'étoit que trop capable de m'en inſpirer une bien plus forte : mais il arriva heureuſement, que les Sauvages prirent la réſolution de paſſer la nuit dans le même lieu. J'en employai une partie à lui remettre le cœur, & je ne l'exhortai à prendre un peu de sommeil, qu'après qu'elle m'eut promis de faire elle-même ses efforts pour contribuer à sa consolation. Il paroîtra incroyable, qu'avec une santé foible & un corps des plus délicats, elle ait pû résister à tant de douleurs & de fatigues, sur tout pendant plus de six semaines que nous passâmes ainsi avec les Rouintons ; obligés de faire presque tous les jours une marche pénible, & exposés pendant la nuit aux injures de l'air. Mais de quoi n'est-on pas capable avec les deux motifs qui l'animoient, son affection pour son pere, & son amour pour son Epoux ? Fanny m'aimoit. Hélas ! cette chere Epouse avoit pour moi toute la tendresse de mille cœurs réünis. Un seul mot, une légere expression de la mienne, eût suffit pour la rassurer & la rendre intrépide dans l'extrêmité du danger. Elle n'aimoit guéres moins Mylord, son cher pere. L'incertitude de son sort, les périls où elle trembloit qu'il ne fût exposé continuellement ; l'esperance quoique foible & éloignée de le rejoindre par quelque heureux coup de la fortune, la ſoutenoient tous les jours au milieu de ſes fatigues & de ſes peines. C'étoit notre unique entretien, juſqu'au malheureux jour où elle perdit ſa fille ; & la douleur même qu'elle reſſentit de cette perte, ne put affoiblir ces deux premiers ſentimens. D'ailleurs, tout barbares qu'étoient les Rouintons, ils ne m'empêcherent pas d'employer tous mes ſoins, ſur tout pendant la nuit, à lui procurer les douceurs & les commodités que notre miſerable condition nous permettoit. Nous avions apporté quelques peaux de l'Habitation des Abaquis : elles nous ſervoient à lui compoſer un lit ; & le ſecours de ſes Femmes, & des deux Anglois qui étoient à veiller ſans ceſſe auprès d'elle, la garantiſſoit du moins de ce qui pouvoit bleſſer extraordinairement ſa ſanté. Si je le puis dire ſans diminuer le prix de ce qu'une ſi chere Epouſe a ſouffert & entrepris pour moi, j'étois incomparablement le plus à plaindre dans cette continuité de malheurs qui nous étoient communs. Je ne parle point des peines & des fatigues qui touchent le corps, le mien ſembloit s'y être endurci.

Mais quelle idée n'aura-t-on pas des tourmens de mon ame, si l'on pense que j'étois dévoré par mes peines, que je portois celle d'autrui ; & que j'étois contraint non seulement de les cacher toutes, mais de trouver encore assez de ressources dans ma raison pour soutenir & consoler les autres, moi qui avoit besoin à tous momens de faire les derniers efforts pour ma propre consolation ?

Les Sauvages ne s'expliquant point sur les motifs de leurs courses, nous marchâmes long-tems au gré de leurs caprices, sans sçavoir quels étoient leurs desseins sur nous, & sans la moindre apparence d'un meilleur sort qui pût nous conduire à la fin de nos miseres. Je passe sur mille difficultés que notre courage nous fit surmonter. La Providence, qui m'avoit traité jusqu'alors avec tant de rigueurs, me ménagea du moins par l'endroit le plus sensible, en conservant la santé de ma chere Epouse. Elle me préparoit aussi quelques momens de repos, comme une espece de délassement au bout de cette voye douloureuse où j'avois marché sans cesse depuis mon départ de France. Il fallut néanmoins

moins le payer encore bien cherement, & subir ainsi pendant toute ma vie, l'Arrêt par lequel elle m'avoit condamné à ne jamais goûter de plaisir qui ne fût empoisonné presqu'aussi-tôt par la douleur.

Après six semaines de marche, pendant lesquelles il me fut aisé d'appercecevoir que les Rouintons ne tenoient point de route fixe, & qu'ils erroient de côté & d'autre en cherchant à faire des prisonniers, ils commencerent à suivre plus directement la même ligne. Les voyant ainsi pendant plusieurs jours, je ne doutai point qu'ils ne se proposassent de se rendre. J'observai qu'ils avançoient vers le Midi. Je le fis remarquer à Fanny, qui en eut de la joye, parce que nous étions persuadés l'un & l'autre que s'il y avoit quelques esperance de revoir jamais Mylord, c'étoit de ce côté-là qu'il le falloit chercher. Les Captifs que les Rouintons avoient faits étoient en assez grand nombre, & leur dessein étoit effectivement de hâter leur retraite, pour l'usage auquel ils les destinoient. Ils presserent donc notre marche avec tant de diligence, que nous arrivâmes bien-tôt dans leur nouvelle Habitation. Ils furent reçus avec joye de leurs femmes & de leurs enfans. Notre troupe fut gardée avec soin, pendant quelques jours qu'ils employerent à se délasser de leur voyage. Aussi-tôt qu'ils furent en état d'en entreprendre un autre, ils nous obligerent de le recommencer avec eux, sans qu'aucun de nos miserables compagnons fût instruit de leur dessein. Cette nouvelle expédition dura peu. Nous gagnâmes en moins de deux jours une vaste Forêt, dans laquelle il nous firent pénétrer fort avant, & nous fûmes surpris de nous y trouver tout d'un coup au milieu d'une infinité d'autres Saúvages, qui nous reçurent avec de grandes acclamations. J'ai toujours ignoré quel étoit le nom de leur Nation, & quelle espece de commerce les Rouintons entretenoient avec eux : mais en réfléchissant sur la maniere dont nous fûmes reçus, je jugeai alors que ceux-ci après avoir quitté le voisinage des Abaquis, avoient choisi leur retraite dans la contrée où nous étions ; & que leur petit nombre les obligeant à ménager leurs nouveaux voisins, ils s'étoient engagés, ou par quelque traité, ou par un mouvement volontaire, à leur fournir des Esclaves. Ils demeurerent peu de tems avec nous, après nous avoir livré. Quel que pût être notre sort dans ce changement de condition, je remerciai le Ciel de nous avoir sauvé des mains de ces cruels Maîtres. En rappellant les frayeurs horribles qu'ils m'avoient causé, je fis pour la premiere fois une réflexion qui les eût augmenté si je l'eusse fait plutôt. A quel funeste traitement aurois je dû m'attendre de la part de cette affreuse Nation, si quelqu'un d'entr'eux m'eût soupçonné d'avoir été l'instrument de leur ruïne, & le Chef qui leur avoit fait proposer des conditions de Paix si dures par Youngster & les Abaquis? Le Ciel, qui ne vouloit point ma perte absoluë, leur ôta sans doute cette pensée. Ils m'avoient trouvé d'ailleurs avec un trop petit nombre d'Abaquis, & trop éloigné de l'Habitation, pour me croire ce Gouverneur terrible, dont la réputation les avoit fait trembler; sans compter que ne voyant point Youngster, leur grossiereté leur avoit peut-être fait perdre des idées que sa préſence auroit pû leur rappeller.

Quoi qu'il en ſoit, cet heureux changement fut une grace ſignalée du Ciel. Nous trouvâmes de la douceur dans nos nouveaux Maîtres. Ils nous enfermerent avec cinquante-trois autres priſonniers dans un lieu environné de pieux, hauts & épais, & couverts de branches qui nous mettoient du moins à l'abri des injures de l'air. La nourriture nous fut fournie avec abondance. Il eſt vrai qu'un traitement ſi doux me fut ſuſpect pendant les premiers jours, & qu'il me vint à l'eſprit que c'étoit peut-être dans quelque vuë funeſte qu'on vouloit nous faire prendre des forces & de l'embonpoint. Mais la figure des Sauvages qui n'avoit rien d'abſolument féroce, & la tranquillité avec laquelle ils paroiſſoient devant nous, me raſſurerent entierement. Je commençai même à me flater dès-lors d'une eſperance, qui fut à la fin remplie heureuſement. Je me ſouvins du rapport qu'on m'avoit fait parmi les Abaquis, de certains Sauvages qui entretenoient un commerce d'Eſclaves avec les Colonies de l'Europe; & ne pouvant point donner d'autre explication aux ſoins avec lesquels on nous traitoit, je m'imaginai que notre sort seroit d'être vendus avec tous ceux qui étoient captifs comme nous. Je fis part de cette pensée à mon Epouse. Elle n'eut point de peine à se le persuader ; mais je ne sçai si je dois donner le nom de joye aux mouvemens que mon discours parut lui causer. Le souvenir de son pere & celui de sa fille, l'occupant toute entiere, elle me témoigna qu'elle ne pouvoit regarder comme un bonheur, ni souhaiter par conséquent, ce qui ne pouvoit manquer de l'éloigner de plus en plus de sa fille, & de lui faire perdre, peut-être sans ressource, l'espoir de retrouver son cher pere & son cher enfant. Je n'avois rien à opposer à des sentimens si justes. J'étois obligé de me réduire à des motifs généraux de consolation, que je tirois de la volonté du Ciel, & de la nécessité où nous étions de suivre le malheureux cours d'une fortune qu'il n'étoit point en notre pouvoir de changer.

Enfin, le repos que nous prîmes pendant quelques semaines ayant paru suffisant aux Sauvages pour nous rétablir, ils ouvrirent notre prison, & ils nous firent connoître qu'il falloit nous dispoſer à les ſuivre. Notre route ne dura que quatre jours. Nous arrivâmes au commencement du cinquiéme ſur le bord d'une riviere médiocre, où nos conducteurs nous firent arrêter. Quantité de branches & de troncs d'arbres qui étoient répandus de côté & d'autre, nous apprirent que ce lieu étoit viſité quelquefois par des hommes. Nous y paſſâmes encore quelques jours, ſans y recevoir de lumiere ſur notre ſort. Je me confirmois ſeulement dans l'opinion que, ſoit à des Barbares, ſoit à des Européens, nous devions être vendus à d'autres Maîtres. Environ huit jours après notre arrivée, j'entendis les Sauvages qui nous conduiſoient, jetter des cris de joye; & tournant la tête pour en chercher la cauſe, je vis cinq ou ſix grandes Barques qui s'avançoient vers nous ſur la riviere. Je ne tardai point à diſtinguer les Matelots, & à découvrir à leurs habits qu'ils étoient Européens. Je l'avouë, un mouvement de veritable joye ſe fit ſentir à mon cœur; je levai les mains au Ciel, j'embraſſai mon Epouſe, & je crus du moins une partie de mes vœux exaucés.

Les Barques furent à nous en un inſtant. Je reconnus les Matelots pour des Eſpagnols. De quelque Nation qu'ils puſſent être, c'étoit des hommes ; ce n'étoit plus de ſtupides & impitoyables Sauvages ; & dans le moment où nous étions, notre plus grande ſatisfaction devoit être ſans doute de nous revoir avec des créatures capables comme nous, de raiſonner, & d'entendre notre langage.

Cependant, mon Epouſe prit ces apparences du changement de notre fortune, dans un ſens tout different. Etant fille d'une mere Eſpagnole, elle ſçavoit la Langue de ce Pays ; de ſorte que ne pouvant plus douter, après quelques diſcours qu'elle entendit tenir aux Matelots, que nous ne fuſſions au moment de quitter les Sauvages, & de nous éloigner par conſéquent plus que jamais des Rouintons, elle verſa un ruiſſeau de larmes, ſans que rien parût capable de la conſoler. Nous étions aſſis à terre, & elle avoit la tête appuyée ſur mes genoux. Je n'ignorois point ce qui l'affligeoit ſi vivement. D'ailleurs, le nom de ſa fille qui lui échapoit mille fois, me faiſoit enrendre ce qu'elle craignoit de perdre ſans retour en s'éloignant des Sauvages. Ce fut alors que je crus à propos de lui apprendre que cette chere fille ne vivoit plus ; perſuadé, non ſeulement qu'elle ſe réjouiroit après cela de quitter les Sauvages, mais qu'elle regarderoit la mort de ſon enfant comme un malheur beaucoup plus ſupportable, que celui de la laiſſer après nous parmi les Rouintons. Je lui dis donc, ſans prendre même la choſe de trop loin, qu'elle étoit moins à plaindre qu'elle ne penſoit, qu'elle n'avoit plus rien à appréhender pour ſa fille ; que cette petite créature étoit dans le ſein de Dieu ; que ſi je ne lui avois pas annoncé plûtôt cette nouvelle, j'avois été retenu par la crainte de lui cauſer trop d'affliction ; mais que la voyant dans un état où elle devoit ſans doute m'entendre volontiers, je ne faiſois plus difficulté de lui apprendre que notre fille étoit plus heureuſe que nous, puiſqu'elle jouiſſoit du bonheur qui ne ſe perd jamais.

Mon diſcours fit une impreſſion étonnante ſur l'eſprit de Fanny. Elle me regarda fixement, & je vis que ſa ſurpriſe avoit ſéché ſes larmes tout d'un coup. Mais,

Mais, cher Cleveland, me dit-elle, ne me mentez-vous pas ? Eſt-il vrai que ma pauvre enfant ſoit morte ? Je l'en aſſurai, avec toutes les proteſtations qui pouvoient guérir ſes doutes. Pour les circonſtances, je les lui déguiſai avec ſoin, & j'en inventai quelques-unes, autant par rapport à Madame Riding qu'à ſa fille, que je crus propres encore à adoucir ſa peine. Elle m'écoutoit avec une attention extrême. Lorſque j'eus ceſſé de parler, j'apperçus ſes pleurs qui recommencerent à couler. Elle joignit les mains, & les ſerrant l'une contre l'autre, O Dieu ! s'écria-t-elle tendrement, gardez mon enfant dans vos bras. Tenez-lui lieu de mere. Ne la laiſſez manquer de rien pour être heureuſe. Vis, ma chere fille, vis dans le ſein de Dieu, tu ſeras là plus tranquille que ta malheureuſe mere. Et puis ſe tournant vers moi, d'un viſage à demi conſolé ; Ah ! voilà une mort, me dit-elle, qui me donne la vie. En quelque lieu du Monde que ce puiſſe être, je ne m'affligerai jamais de voir ce que j'aime aller au Ciel avant moi. Je ne ſuis plus inquiéte à preſent pour ma fille. C'eſt là que je ſuis bien aſſurée de la retrouver un jour. Je la confirmai autant que je pus dans ces ſentimens, quoiqu'il me fût aiſé de juger qu'une conſolation ſi prompte venoit moins de l'état heureux où elle croyoit ſa fille, que de l'état miſerable, ſi je puis m'exprimer ainſi, où elle commençoit à s'aſſurer qu'elle n'étoit plus. L'image de cet enfant, qui ne pouvoit ſe preſenter à elle ſans être accompagnée de l'horrible idée des Rouintons, & du ſouvenir de leurs cruautés, étoit un martyre continuel dont je venois de la délivrer; & en tournant, comme j'avois fait, ſes penſées vers le Ciel, où ſon imagination ne lui repreſentoit rien que d'heureux & d'agréable, je l'avois mis dans une ſituation délicieuſe, du moins en comparaiſon de celle d'où elle étoit ſortie. Je n'avois rien de ſi conſolant à lui propoſer par rapport à ſon Pere; mais je n'eus pas de peine néanmoins à lui faire comprendre, que de quelque maniere que les Eſpagnols puſſent en uſer avec nous, nous aurions toûjours plus de liberté parmi eux que parmi les Sauvages, & qu'il nous ſeroit plus facile par conſéquent d'y prendre des meſures pour le ſalut de Mylord.

Pendant que j'étois avec elle dans cet

entretien, les Marchands Espagnols traitoient avec les Sauvages du prix de leurs Esclaves. Ce marché se faisoit entr'eux par signes. La marchandise de part & d'autre étant presente, ils pouvoient s'entendre & s'accorder sans beaucoup d'explication. Tous les Esclaves étoient prêts à être comptés & examinés; & les richesses des Espagnols, qui consistoient dans un grand nombre de petits barils d'Eau de vie, en Miroirs, en Sifflets, & en petits Couteaux, étoient étendues sur l'herbe, comme pour exciter les desirs des Sauvages par une si belle montre. Lorsqu'ils furent convenus du prix, & que les marchandises furent livrées, les Sauvages se retirerent avec de grands cris. Les Espagnols nous firent alors avancer vers le Rivage, pour nous faire entrer dans leurs barques. Qoique je fusse couvert de peaux avec toute ma famille, ils étoient bien éloignés de s'imaginer qu'il y eût six Européens parmi leurs Esclaves. S'ils nous eussent connu, peut-être leur avarice leur eût-elle fait refuser de nous acheter, parce qu'il n'y avoit nul profit à attendre de nous. Cette pensée, qui m'étoit venue d'abord, m'avoit fait ordonner à tous mes gens de se contenir dans un silence exact, jusqu'à ce que le marché fût entierement conclu. Il y a des Sauvages de toute sorte de stature & de couleur, en Amerique; & la fatigue d'ailleurs nous avoit tellement changés, qu'à la reserve d'un peu plus de blancheur, nous n'étions guéres differens de nos compagnons d'esclavage.

Ce fut donc au moment qu'on alloit nous faire entrer dans la barque, que j'adressai honêtement quelques mots aux Marchands Espagnols. Je parlois assez leur Langue pour me faire entendre. Mon Epouse, que je pris par la main, ses deux femmes, Rem & mes deux Anglois, composant un petit cercle autour de moi, attirerent d'abord leur attention. Mais ce fut tout autre chose lorsqu'ils m'eurent entendu. Leur surprise se déclara par leurs regards curieux, qu'ils jettoient long-tems sur nous sans rompre le silence. Mon Epouse craignant qu'ils n'eussent point compris mon discours, parce que je ne m'exprimois pas exactement, reprit la parole & leur expliqua en peu de mots, que nous étions Anglois, & que nous avions une reconnoissance infinie du service qu'ils venoient de nous rendre. Enfin, ils ouvrirent la bouche pour nous demander par quel hazard nous nous étions trouvés dans une si miserable condition. Je leur répondis, que nous leur donnerions la satisfaction d'en être instruits, lorsqu'ils auroient eû la générosité de nous procurer un lieu de sûreté & de repos.

Quoiqu'il ne parût nulle trace de contentement sur leur visage, ils ne purent se dispenser de nous faire quelques civilités, & de nous séparer de la troupe des Esclaves. La premiere chose dont je les priai de nous informer, fut, en quel lieu, & dans quelle partie de l'Amerique nous nous trouvions avec eux! Ils m'apprirent que nous étions sur la Riviere des Conchaques, qui va se jetter dans la grande Riviere de la Mobile, & qui se décharge avec elle dans la partie la plus septentrionale du Golphe du Mexique; qu'ils étoient habitans d'une Bourgade nommée S. Joseph, qui est située sur la côte du Golphe, à l'Orient de l'embouchure de cette Riviere, qu'ils avoient accoutumé de remonter ainsi dans les Terres plusieurs fois chaque année, pour entretenir differente sorte de commerce avec les Sauvages; avec les uns, commerce d'Esclaves, commerce de Pelleterie avec d'autres; & qu'ils en tiroient un avantage considerable. Je me contentai de cette explication, qui convenoit assez à nos interêts & à nos desseins. Ces Marchands ne paroissant ni riches ni polis, je comptai aussi peu sur leur honnêteté que sur leur secours, & je résolus de ne m'ouvrir à eux qu'autant que j'y serois déterminé par les occasions. Ils ne furent pas long-tems néanmoins, sans s'appercevoir que notre condition naturelle ne répondoit point à l'état où ils nous avoient trouvés. Cette découverte piqua extrêmement leur curiosité; mais je ne jugeai point à propos de la satisfaire.

Nous fumes douze jours à gagner l'Habitation de S. Joseph. Il y avoit peu d'Espagnols dans ce Bourg, qui valussent mieux que ceux qui nous y avoient amenés. On ne put nous y refuser la liberté; mais on ne l'accompagna de nulle offre de service, & de nulles marques de générosité qui pussent nous faire estimer ceux de qui nous la recevions. A peine obtinmes-nous parmi eux de quoi satisfaire aux néceſſités les plus communes de la vie. Nous fumes contraints néanmoins d'y paſſer plus de ſix ſemaines, en attendant pour les quitter une occaſion qui ne devoit pas ſe préſenter plutôt. Ce tems ne pouvoit nous ſembler que bien long, dans l'ardente impatience où nous étions d'entreprendre quelque choſe pour l'éclairciſſement de la deſtinée de Mylord. Après mille réflexions ſur tout ce qui pouvoit ſervir de fondement à mes conjectures, & de motif à mes réſolutions, je m'étois déterminé à prendre un parti qui m'avoit paru le plus ſolide auquel je paſſe m'arrêter. J'étois deſtitué de toutes ſortes de ſecours ; il m'en faloit néanmoins de plus d'une eſpece, pour me rendre capable de ſervir Mylord. J'avois réſolu de gagner l'Iſle de Cuba, qui n'eſt point à une diſtance extrême de S. Joſeph, & d'aller implorer l'aſſiſtance du Gouverneur, qui étoit mon grand-pere depuis que j'étois l'Epoux de Fanny. Quoiqu'il eût refuſé autrefois ſon ſecours à Mylord pour faire la guerre à l'Angleterre, j'étois ſûr qu'il ſe hâteroit de me l'accorder dans une circonſtance ſi differente. Je comptois avec cela de laiſſer mon Epouſe auprès de lui, tandis que je retournerois au Continent avec tout ce qui me ſeroit néceſſaire pour ſervir efficacement Mylord. Mais cette réſolution, qui étoit approuvée auſſi de mon Epouſe, je ne pouvois l'exécuter, faute de commodités pour la route, avant un certain tems auquel les Barques de S. Joſeph ſe rendoient à Carlos pour le commerce des Eſclaves. Cette derniere Ville étant ſituée vers la pointe de la Preſqu'Iſle de Tegeſte, je ne doutois point qu'il ne s'offrît là tous les jours des occaſions pour paſſer à la Havane.

Nous attendions donc ce tems, avec une impatience & un ennui qui croiſſoient tous les jours. Le tendre cœur de Fanny, qui avoit été ſoulagé d'une partie de ſes peines lorſque ſon inquiétude avoit ceſſé pour ſa fille, n'en étoit pas devenu pourtant plus tranquile & plus heureux: les mortelles allarmes où elle étoit continuellement pour Mylord, ne lui permettoient pas de s'occuper un moment d'autre choſe. De mon côté je n'avois point d'autre occupation que de m'affliger de mes propres douleurs, & de la consoler dans les siennes. Nous passions ainsi des jours & des nuits, dont la longueur nous paroissoit éternelle. Un jour quelques-uns des Espagnols qui avoient marqué le moins de dureté pour nos peines, vinrent nous avertir qu'il étoit entré dans la Rade une Barque de Pensacola, & que celui qui paroissoit y commander ayant déclaré qu'il alloit à la Havane, il y avoit apparence qu'il ne nous refuseroit pas le passage si nous étions toujours dans le dessein de suivre la même route. Je me hâtai de l'aller trouver. La pauvreté de mes habits n'empêcha point qu'il ne me reçût honnêtement, lorsqu'il eût reconnu que j'étois Etranger. Il parloit notre Langue. Je lui dit naturellement, qu'étant appellé à la Havane par des affaires d'importance, & cherchant depuis long-tems l'occasion d'y passer, je lui demandois pour moi & pour six personnes qui m'accompagnoient, la faveur de nous recevoir dans sa Barque. Il me fit voir aussi-tôt, mais avec beaucoup de civilité, que si nous étions sept, sa Barque étoit trop foible pour supporter un si grand nombre. Je suis porté en général, me dit-il, à rendre service à toutes les personnes malheureuses ; mais particulierement à des Etrangers. Le voyage même que j'ai entrepris, n'est qu'un effet de ce sentiment. Mais, quoique j'aye dessein de suivre les côtes comme j'ai fait depuis Pensacola, & que vous pussiez m'accompagner peut-être sans péril jusqu'à la pointe de Tegeste, je n'oserois risquer de passer avec vous la Mer de Bahama. Je le quittai, sans le presser davantage. J'aurois pû accepter du moins l'offre qu'il sembloit me faire, de nous prendre avec lui pendant une partie de la route ; mais les Barques de S. Joseph devant partir peu de jours après pour Carlos, je ne voulus point lui causer la moindre incommodité.

Etant retourné dans la petite Cabane qu'on nous avoit donnée pour demeure, je racontai à Fanny ce qui venoit de m'arriver, & j'ajoutai que la physionomie du Commandant Espagnol m'ayant plû beaucoup, j'étois fâché qu'il n'eût pû nous recevoir dans sa Barque. Comme nous continuions à nous entretenir, je le vis à quelques pas de notre Cabane, qui se la faisoit montrer par quelques Habitans de nos voisins. Il fut à la porte en un instant, & il entra d'un air honnête. Après avoir jetté les yeux pendant quelques momens sur notre logement & sur nous, il me reconnut pour le même qui lui avoit parlé un quart-d'heure auparavant. Vous êtes surpris de me voir ici, me dit-il, mais je vous avoue que dans le chagrin que j'ai eu de ne pouvoir vous accorder le passage, je me suis informé un peu plus particulierement de ce qui vous regarde, & ce que j'ai appris de votre misere, m'inspire une compassion dont je souhaiterois de pouvoir vous donner des marques. Je vais à la Havane. Avez-vous là quelqu'un qui s'interesse pour vous? Puis-je vous en apporter des nouvelles, ou leur en apprendre de vous? Puis-je d'ailleurs vous être utile en quelque chose? Il me fit ce compliment & toutes ces questions avec tant de naturel & un air si prévenant de générosité & de bonté d'ame, que ne pouvant m'exprimer assez facilement en Espagnol pour le remercier d'une maniere qui répondît à la faveur qu'il nous faisoit, je priai mon Epouse de prendre ce soin pour moi. Elle le fit avec grace, & comme elle parloit parfaitement l'Espagnol, il eut peine à la prendre pour une Angloise. Ce doute lui ayant fait naître l'occasion de la considerer de plus près, il apperçut bien-tôt, malgré la difformité de ses habits & l'altération que la tristesse & la fatigue avoient causées sur son visage, qu'il ne parloit point à une femme ordinaire. C'étoit un jeune-homme de fort bonne famille, qui ayant reçû de la Nature un caractere tendre & généreux, & s'étant rempli la tête d'avantures extraordinaires, comme font la plûpart des Espagnols en lisant les Romans, rappelloit à ses idées, & ne respiroit que les occasions d'exercer en Heros, son courage, sa tendresse & sa générosité. Charmé donc de ce qu'il crut avoir découvert, il fit conoître à Fanny que ses yeux ne pouvoient être trompés en la voyant, & que la fortune n'avoit pû la maltraiter si fort, qu'il ne fût aisé de découvrir qu'elle n'étoit point dans sa situation naturelle. Il ajouta à ce discours, de nouvelles offres de service. Mon Epouse lui répondit, que le seul qu'elle eût à desirer étoit d'être transportée promptement dans l'Isle de Cuba.

Ce jeune Eſpagnol nous ayant marqué qu'il ſentoit redoubler ſon chagrin, de ne pouvoir nous donner ce témoignage d'eſtime & de bonne volonté, en prit occaſion de nous raconter la cauſe de ſon voyage. Je ſuis, nous dit-il, le fils du Corregidor de Penſacola. Quelques-uns de nos Habitans qui ſont en commerce d'Eſclaves avec les Sauvages, nous en amenerent pluſieurs, il y a quinze jours, & parmi eux un Européen dont je ſuis encore à ſçavoir le païs particulier. Il ſçait pluſieurs Langues, & les parle toutes en perfection. J'étois à le voir arriver avec les compagnons de ſa miſere : je fus frappé de ſon air; & la curioſité me l'ayant fait aborder, je démêlai aiſément qu'il méritoit une meilleure fortune. Je lui offris une retraite chez mon pere. Il n'y eut point été deux jours, que ce paſſage ſubit de la miſere dont il ſortoit, à la vie douce que je pris ſoin de lui faire mener, lui cauſa une maladie dangereuſe. Elle dure encore; mais n'en ayant pas eu moins d'aſſiduité à le voir & à l'entretenir, je lui ai trouvé tant de politeſſe, d'eſprit, & d'elévation d'ame, que je me ſuis accoutumé à le regarder comme un des premiers hommes du monde. Je l'ai sondé plusieurs fois sur sa naissance & sur les avantures de sa vie : il est impénétrable là-dessus. Seulement, il souhaiteroit une occasion pour l'Isle de Cuba. Je me suis imaginé qu'il vouloit y passer lui-même, & je me suis offert pour l'y conduire : mais il m'a témoigné qu'il n'avoit qu'une lettre à faire tenir au Gouverneur, qui est de ses amis. Le zéle que j'ai pour son service, m'a fait prendre cette commission moi-même. Sur quelques mots, ajouta l'Espagnol qui lui sont échapés dans nos entretiens, je crois qu'il a été séparé, par la fortune, de quelques personnes qui lui sont fort cheres ; & que c'est la raison qui l'empêche de penser à quitter le Continent, où il craint de les laisser après lui.

Nous ne pûmes entendre la fin de ce discours, sans être saisis d'une émotion extraordinaire. Il fut impossible sur-tout à mon Epouse, d'arrêter l'impetuosité des mouvemens de son cœur. Ses larmes, ses sanglots se firent un passage malgré elle. Ah ! c'est mon pere, répondit-elle vingt fois, quoiqu'elle eût à peine la force de le prononcer. C'est mon pere, c'est lui, je n'en puis douter! Elle vouloit partir sur le champ, pour se rendre à Pensacola ; & lorsque je la retins pour l'empêcher de sortir, elle s'assit en me tenant par le bras, & en continuant de me dire avec un renouvellement de pleurs : C'est mon pere ; n'est-il pas vrai, Cleveland, que c'est mon pere ! Ah ! courons, & ne perdons pas un moment. J'étois persuadé, comme elle, que ce ne pouvoit être un autre que Mylord. Tout s'accordoit à me confirmer heureusement dans cette opinion. Je m'expliquai néanmoins avec l'Espagnol, & lui ayant appris en deux mots ce que nous cherchions, & ce peu de lumiere que nous avions reçues en divers tems sur le sort de notre cher pere, il ne douta pas plus que nous que ce ne fût lui-même qu'il avoit dans sa maison.

Un évenement si heureux parut le pénétrer de joye & d'admiration. Il leva les mains au Ciel ; il protesta qu'il se croyoit le plus fortuné de tous les hommes, de pouvoir contribuer au changement de notre fortune; il nous pria de disposer de son bien, de ses forces & de sa vie. Jamais la générosité Espagnole ne s'exprima avec un tour plus noble & plus éloquent. Je le remerciai, avec un vif ſentiment de reconnoiſſance. Il eſt clair, lui dis-je, que c'eſt le pere de mon Epouſe, que vous nous faites retrouver. C'eſt un préſent plus cher que la vie, que vous allez faire à tous trois. Votre cœur généreux a la plus belle occaſion qui fût jamais de ſe ſatisfaire. Mais, s'il eſt poſſible, hâtez-vous de nous conduire à Penſacola. Comptez que la commiſſion dont vous vous êtes chargé eſt inutile à préſent, & que vous n'avez point de plus précieux ſervice à rendre à votre Hôte, que de nous mettre promptement entre ſes bras. Il vouloit ſe donner le tems du moins de nous faire faire des habits; nous le priâmes de remettre ce ſoin à Penſacola, où nous accepterions volontiers de lui toutes ſortes de bons offices, aſſez sûrs deſormais de pouvoir lui en marquer par mille moyens notre juſte gratitude.

Penſacola eſt une aſſez bonne Habitation des Eſpagnols, ſituée à l'Occident de S. Joſeph, ſur la côte de la même Mer. Sans ſçavoir au juſte l'éloignement de ces deux Places, je juge qu'il n'eſt pas conſidérable,

considérable, puisque nous fismes le trajet par Mer en moins de deux jours. En arrivant dans le Port, l'Espagnol, qui apperçut quelques Habitans de sa connoissance, leur demanda s'il n'étoit rien arrivé de nouveau depuis son départ. Rien, lui répondit-on ; excepté que l'Etranger que vous avez retiré chez vous, est à l'extremité de sa vie. Mon Epouse & moi n'entendîmes que trop cette fatale réponse. Elle changea notre joye dans la plus mortelle frayeur. Nous nous hâtames, en tremblant, de gagner la maison du Corrégidor. Son fils entra d'abord seul dans la chambre de Mylord. Cette précaution étoit nécessaire, pour le prévenir par degrés sur notre arrivée. Nous attendions à sa porte ; & dans la confusion des mouvemens de joye, de crainte & de tristesse qui nous agiterent, nous nous tenions embrassés, en versant un torrent de larmes que nous ne sentions pas couler. Mylord fut instruit en un moment que nous étions proche de lui. Dieu ! que les sentimens de la nature sont tendres ! Sa foiblesse ne l'empêcha pas de faire tous ses efforts pour se jetter hors de son lit. Nous entendîmes le bruit de ses mouvemens, & le nom de Fanny qu'il prononçoit d'une voix comme étouffée par ses pleurs & ses soupirs. Nous entrâmes dans le moment que l'Espagnol l'arrêtoit. Il se retint lui-même en nous voyant paroître, & demeurant assis sur son lit, il ouvrit les bras, qu'il tendit vers nous d'une maniere toute passionnée. Ah! ma fille! Ah! Cleveland! Il étoit si ému, qu'il ne trouva point de voix pour s'exprimer davantage.

Nous nous jettames à genoux auprès de lui. Je lui baisois une main; Fanny tenoit ses lévres serrées sur l'autre, & l'arrosoit de ses larmes. Nous faisions entendre quelque chose : mais c'étoit moins des mots articulés, qu'un murmure tendre & plaintif qui marquoit à quel point nous étions touchés& attendris. Nous demeurames quelque tems dans cette situation, & Mylord tenoit la tête panchée sur nous, sans être capable, non plus que nous, de prononcer une parole. Enfin, je fus le premier qui rompit ce tendre & passionné silence. Nous vous revoyons donc, lui dis-je: Ah! Mylord, nous avons le bonheur de vous revoir! Votre absence, & l'incertitude de votre ſort, ont toûjours été le plus inſupportable de mes malheurs. Je les oublie tous. Je les pardonne à la Fortune. Elle vous rend donc à nous! Qu'avions-nous de plus cher à lui demander? Mais nous vous retrouvons malade, & dans le dernier danger! Quoi! le Ciel n'achevera-t'il pas le miracle qu'il a commencé en notre faveur? Ne nous aura-t'il amenés ſi heureuſement auprès de vous, que pour nous ravir peut-être auſſi-tôt la ſatisfaction qu'il nous accorde? Qu'il prenne du moins notre vie, avec la vôtre; qu'il ne nous ſépare plus, ſi c'eſt par bonté & par compaſſion qu'il nous a réünis. J'ajoutai mille autres choſes, tandis que ce cher Seigneur & mon Epouſe ſe remettoient un peu de leur agitation. Il prit la parole à ſon tour, & quoiqu'il fût en effet dans un état très-dangereux, il tira aſſez de forces de ſa tendreſſe pour nous exprimer ſa joye dans les termes les plus touchans. Mais ce qu'il ajouta à la fin, étoit trop capable de nous empêcher d'en ſentir. Je vois, nous dit-il, qu'il me reſte peu de tems à vivre. La mort me ſembloit affreuſe, il y a un quart-d'heure, je ne pouvois l'envisager sans horreur ; mais je ne vois plus rien à présent qui doive me la faire craindre. Vous êtes ici tous deux en sûreté. Il vous sera facile de gagner l'Isle de Cuba, où vous trouverez votre Grand-pere, qui vous verra arriver avec plaisir. Vous y ferez transporter mon corps, si vous le pouvez commodément, & vous prendrez soin de ma sépulture. O Ciel ! reprit-il avec une nouvelle ardeur, vous m'avez donc rendu mes chers Enfans, ma chere Fanny, mon cher Cleveland ! Ils fermeront mes yeux, ils recevront mes derniers soupirs, je mourrai dans leurs bras ! Il recommença ensuite à nous embrasser avec de nouveaux transports de joye & de tendresse.

Je ne pus répondre que par mes pleurs, à un discours dont chaque mot me pénetroit l'ame. Mon Epouse continuoit aussi de pleurer, sans pouvoir s'exprimer autrement que par quelques mots entrecoupés. Le jeune Espagnol, qui paroissoit attendri jusqu'au fond du cœur d'une scene si touchante, & qui sçavoit mieux que nous l'extrêmité du péril où étoit Mylord, nous exhortoit à nous retirer pendant quelques momens, pour lui laisser rappeller un peu de tranquillité. C'étoit mon dessein; je fis même un effort pour lui dire que nous esperions pour sa vie plus que lui-même, & que nous allions le quitter un instant,, de peur qu'une émotion si excessive n'augmentât son mal. Mais il s'y opposa absolument. Ne m'ôtez pas, nous dit-il, la seule douceur qui me reste à prétendre dans la vie. Ne voyez-vous pas que votre présence m'a ranimé? J'étois dans les langueurs du trépas, il n'y a qu'un moment; c'est vous qui retenez mon ame dans ce corps foible & épuisé; & si je ne sentois que ma guérison est impossible, je l'attendrois de votre vûë, bien plus sûrement que des remedes. Il fallut demeurer auprès de lui. Il nous raconta autant que sa foiblesse put le permettre, les malheurs qui lui étoient arrivés depuis notre séparation. Il y avoit peu de circonstances, qui ne s'accordassent avec le récit que nous avoit fait le prisonnier Abaqui. Iglou, & les Anglois qui l'avoient accompagné, avoient péri en le défendant. Il avoit été long-tems captif, obligé de suivre les Sauvages dans toutes leurs courses, & exposé continuellement à une misere & à des fatigues si excessives, qu'elles avoient achevé de ruïner son temperament, qui étoit déja affoibli depuis long-tems par les chagrins qu'il avoit essuyés pendant une grande partie de sa vie. C'étoit depuis quinze jours seulement, qu'il avoit été amené par les Sauvages sur la même riviere où l'on nous avoit conduits, & qu'il y avoit été vendu avec un grand nombre d'autres Esclaves aux Espagnols de Pensacola.

Après nous avoir fait ce récit, il voulut entendre à son tour celui de nos avantures. Je le fis en peu de mots, & j'omis à dessein tout ce qui eût été capable de lui causer une nouvelle émotion. Il ne sçut point que le Ciel nous avoit accordé une chere fille. Mon Epouse me regardoit tendrement, lorsque je fus à cet endroit de ma narration. Je lisois dans ses yeux, qu'elle eût souhaité de pouvoir lui apprendre cette intéressante circonstance, qui eût eu sans doute quelque douceur pour lui, s'il eût été possible de la détacher de ses funestes suites. J'affectai aussi de ne pas prononcer le nom de Madame Riding. Mais quoique le trouble où il avoit été jusqu'alors l'eût peut-être empêché d'y penser, il ne fut pas long-tems à me demander où nous l'avions laissée, & pour quelle raison il ne la voyoit point avec nous. Le déguisement m'auroit trop coûté, dans ce tendre moment de communication & d'ouverture de cœur. Je lui déclarai naturellement, qu'il avoit plû au Ciel de la retirer à lui, & qu'elle étoit morte en chemin. Nous donnâmes tous ensemble des larmes à sa mémoire. Mylord arrêta néanmoins les siennes. Pourquoi la pleurer? nous dit-il: je ne tarderai pas deux jours à la rejoindre. Hélas! ajouta-t-il, vous serez plus à plaindre qu'elle & moi. Je vous laisse peut-être pour héritage la haine du Ciel, qui ne s'est point lassée de me poursuivre, & qui va sans doute s'attacher desormais sur vous. O Dieu! comment puis-je esperer d'être tranquile après ma mort, s'il faut que j'emporte cette triste pensée en expirant? Mais, reprit-il en s'interrompant lui-même, pourquoi me tourmenter ainsi volontairement? N'est-il pas naturel au contraire que j'explique favorablement notre rencontre inefperée, & la fatisfaction de vous embraffer qui m'eft accordée aux derniers momens de ma vie? Le Ciel n'eft point trompeur. Il commence à me traiter en ami. J'en veux tirer un augure favorable, pour vous mes chers enfans, & pour moi-même.

Je m'efforçai, pendant le peu de tems qui lui reftoit à vivre, de le confirmer dans cette idée confolante, & je remarquai qu'elle contribua beaucoup à lui procurer une mort paifible. Il ne fe trompoit pas, en efperant pour lui-même les plus liberales faveurs du Ciel. Sa vertu, fi long-tems éprouvée, touchoit au moment de la récompenfe; & cet heureux preffentiment, qui rendit fes derniers foupirs tranquiles, en étoit déja une. Mais fes malheureux enfans n'étoient point compris dans la Sentence qui finiffoit fes peines, & qui l'appelloit au bonheur.

Nous le perdîmes, le troifiéme jour après notre arrivée. Il avoit employé une partie du jour précedent, non feulement à nous donner des confeils fur notre retour en Europe & fur la conduite

duite que nous devions tenir en y arrivant ; mais encore à nous expliquer toutes les ressources que nous pouvions y trouver pour l'établissement de notre fortune, soit dans la faveur du Roi, soit dans les biens considerables qu'il avoit laissés entre les mains de Mylord Terwill, & qu'il comptoit que ce généreux ami nous remettroit fidélement. Il s'affoiblit beaucoup vers la nuit. Cependant, comme il conservoit toute sa raison, il ne laissoit pas de trouver de tems en tems assez de force pour nous adresser quelques mots tendres & touchans. Il baisoit les mains de sa fille, il serroit les miennes, il nous prioit instamment de retenir nos larmes, & de conserver l'un pour l'autre une immortelle affection ; enfin, il nous avertit lui-même qu'il se sentoit près d'expirer ; & il expira en effet un moment après, comme il l'avoit desiré, c'est-à-dire, entre les bras de sa fille & les miens.

Dans l'excès inexprimable de tristesse & d'abattement que je ressentis à cette vuë, j'aurois souhaité de pouvoir me dérober aux yeux des hommes, & renoncer à tout autre sentiment que celui de la douleur. J'aurois souhaité d'être seul, dans la plus deserte contrée de l'Amerique, occupé en silence à méditer sur mes malheurs, à me contempler moi-même dans ce triste état, à demander raison au Ciel de sa rigueur, à solliciter sa justice ou sa bonté par mes gémissemens, supposé qu'il m'eût donné assez de patience pour ne pas l'irriter encore plus par mes murmures & par mes plaintes. Je me mis pendant quelques momens dans cet état par la force de mon imagination, & je trouvai de la douceur à m'entretenir d'une si funeste image. Mais les soupirs & les pleurs de mon Epouse m'ayant ramené de cette espece d'égarement, j'éprouvai en la voyant, qu'on peut être remué tout à la fois par diverses passions, dans un degré presque égal de violence. Elle embrassoit le corps pâle & froid de son Pere. Sa douleur s'exprimoit d'une maniere si touchante, que le Corrégidor, son fils & toute sa maison, qui étoient présens, fondoient en larmes auprès d'elle. Je ne pus la voir si émuë, sans l'être moi-même jusqu'au fond de l'ame. Cette bonté de naturel, qui me répondoit si bien de ſa ſincere affection pour moi ; ſon air de douceur qui ne l'abandonnoit pas, même dans un deſordre qui tenoit quelque choſe du deſeſpoir ; ce torrent de pleurs aimables, qui couloient avec tant de grace au long de ſes jouës ; & plus que tout cela le ſentiment de ma tendreſſe, toujours vive & dominante, m'emporterent à un tel point, que je me livrai ſans réflexion au mouvement de mon cœur. Je la pris bruſquement entre mes bras. Je m'aſſis en la tenant ainſi embraſſée. Viens, lui dis-je d'un ton tout de feu & d'amour, viens, mon aimable Fanny, mêle tes larmes aux miennes, n'en verſe pas une qui ne tombe dans mon ſein ; fais paſſer toutes tes peines dans mon cœur. Je veux être ſeul à les ſupporter toutes, & mourir mille fois pour t'en épargner une. Quelque remplie qu'elle fût du ſujet de ſa douleur, elle fut ſenſible à ce tranſport de tendreſſe. Je n'ai plus que vous, me répondit-elle languiſſamment : Pere, mere, fille, j'ai vû mourir tout ce que je devois aimer. Hélas ! ſi je ne vous avois, que ferois-je de la vie, & voudrois-je la conſerver un moment ? Nous continuâmes ainſi un entretien, tel que pouvoit nous l'inspirer l'amour & la tristesse. Le Corrégidor & son fils prirent ce tems, avec beaucoup d'adresse, pour transporter le corps de Mylord dans une chambre voisine ; & nous le redemandâmes en vain, lorsque nous nous fûmes apperçus de ce qu'ils avoient fait.

Ce n'est pas sans raison, que je mêle au récit d'une de mes plus grandes infortunes, celui d'un mouvement d'amour, & de quelques expressions de la tendresse de Fanny & de la mienne. Cette observation ne paroîtra pas indifferente à ceux d'entre mes Lecteurs qui auront assez de lumieres pour juger de la nature d'une passion que deux ans de mariage, & une chaîne continuelle de malheurs, avoient été si peu capables d'affoiblir, qu'elle avoit la force de se faire écouter avec cet empire parmi les transports mêmes de la plus vive de toutes les douleurs. Sera-t-on surpris de lui voir produire après cela les effets terribles qu'on doit s'attendre à lire, & que je me suis engagé à raconter? Fanny m'aimoit plus qu'elle-même. Je lui devins encore plus cher après la perte de son cher Pere;

Hélas! moi qui rends ce témoignage à ſon amour, de quels termes me ſervirai-je pour exprimer le mien? Aurai-je jamais dit aſſez, ſi je confeſſe naturellement qu'elle étoit mon Idole? Je l'adorois donc. J'en étois tendrement aimé. Par quel charme s'eſt-il pû faire que la défiance & les noirs ſoupçons ayent ſuccedé à une ſi douce certitude? C'eſt le ſeul point ſur lequel on doit ſe préparer à l'étonnement; car on ſçait aſſez que la confiance une fois éteinte, l'amour le plus ardent eſt le plus prompt à ſe changer en fureur, & à cauſer tous les effets de la haine.

Je ne ſçai quel triſte plaiſir je trouve, à meſure que j'avance dans cette Hiſtoire, à m'interrompre ainſi moi-même, & à prévenir, comme je fais, mes Lecteurs ſur ce qui me reſte à leur raconter. Chaque évenement de ma vie n'a-t-il pas dequoi les attacher par des ſingularités touchantes, & l'un a-t-il beſoin du ſecours de l'autre pour ſe faire lire avec quelque attention? Non; mais c'eſt le goût de ma triſteſſe que je conſulte, bien plus que les regles de la narration & que les devoirs de l'Hiſtorien. En quelque nombre que soient mes infortunes, & quelle que soit leur diversité, elles agissent aujourd'hui tout à la fois sur mon cœur; le sentiment qui m'en reste, n'a point la varieté de sa cause; ce n'est plus, si j'ose parler ainsi, qu'une masse uniforme de douleur, dont le poids me presse & m'accable incessamment. Je voudrois donc, si cela étoit possible à ma plume, réünir dans un seul trait toutes mes tristes avantures, comme leur effet se réunit dans le fond de mon ame. On jugeroit bien mieux de ce qui s'y passe. L'ordre me gêne; & ne pouvant représenter tous mes malheurs à la fois, les plus grands sont ceux qui s'offrent le plus vivement à ma mémoire, & que je souhaiterois du moins de pouvoir exposer les premiers.

Je continuerai neanmoins de suivre le cours des évenemens. Après quelques jours passés dans l'excès de la douleur, & employés pourtant à la déguiser pour rendre mon Epouse plus capable de consolation par mon exemple, je pensai à quitter Pensacola, & à faire mettre le corps de Mylord en état d'être transporté avec nous. Le Corrégidor & son fils ne relâchoient rien de leurs civilités & de leurs attentions. J'avois crû pouvoir leur découvrir quelque chose de la naissance & du rang de Mylord, pour animer leur zéle pendant les derniers jours de sa maladie. Quoiqu'ils fussent généreux par inclination, cette connoissance ne fut pas inutile pour les disposer encore mieux en notre faveur. Le Pere & le fils n'épargnerent plus ni soin ni dépenses. Nous consentîmes à accepter d'eux des habits, pour nous & pour nos Domestiques, qui étoient toujours au nombre de cinq ; & lorsque le jour que nous avions marqué pour notre départ fut arrivé, non seulement nous trouvâmes une Barque bien ornée & prête à nous recevoir ; mais nous fûmes surpris de voir nos bienfaiteurs disposés à nous accompagner, pour nous servir eux-mêmes de conducteurs. Je ne m'y opposai point, étant bien aise au contraire de les voir avec nous à la Havane, où je me promettois que Dom Pedro d'Arpez ne nous refuseroit pas les moyens de leur marquer notre reconnoissance. L'unique chose qui me causa de l'inquiétude en partant, fut la petitesse de notre Barque, qui pouvoit à peine nous contenir au nombre de neuf, avec quelques Matelots. Il n'y en avoit point de plus grande, ni de plus commode, dans la Rade de Pensacola. Rien n'auroit pû me faire consentir à exposer mon Epouse au moindre péril; ainsi je pris la résolution de nous rendre à Carlos en côtoyant la terre, & de faire partir de-là un de mes Anglois pour aller donner avis de notre approche au Gouverneur de Cuba, qui ne manqueroit point de nous envoyer prendre dans un bon Vaisseau. Nous arrivâmes heureusement à Carlos. Je fis partir *Drink*, un de mes Anglois ; il fut de retour en moins de huit jours, avec un Vaisseau du Gouverneur, sur lequel nous montâmes aussi-tôt. Le vent nous mit en vingt heures dans le Port de la Havane.

Dom Pedro d'Arpez nous reçut avec toute la tendresse d'un Grand-pere qui n'avoit point d'autre enfans que Fanny sa petite fille. Il ne se lassoit point de nous embrasser, & de nous dire que nous allions être la consolation de sa vieillesse. Le corps de Mylord, que nous apportions dans un cercueil, étoit un triste présent à lui offrir. Il versa des larmes, en se souvenant des efforts qu'il avoit faits pour arrêter cet infortuné Seigneur lorsqu'il avoit passé à Cuba. Il vivroit encore, nous dit-il ; il auroit été le maître ici plus que moi ; & rien ne lui auroit manqué pour rendre sa vie douce & agréable. Ses regrets furent bien plus vifs, lorsqu'il eût appris dans quelle extrêmité de misere nous avions vécu depuis deux ans, & par combien d'infortunes le Ciel avoit conduit Mylord à sa derniere heure. Ce bon vieillard ne pouvoit revenir de son étonnement. Tantôt il se reprochoit nos malheurs, comme s'il en eût été la cause ; tantôt il prenoit le Ciel à témoin, que loin d'y avoir contribué, il n'avoit rien épargné pour les prévenir. N'ai-je pas fait, nous répétoit-il à tous momens, tout ce qui a dépendu de moi pour le retenir ? Ne lui ai-je pas prédit même une partie des funestes accidens qui lui sont arrivés ? Pouvois-je lui accorder le secours d'armes & de troupes qu'il me demandoit, lorsque la Paix venoit de se conclure entre l'Espagne & l'Angleterre ? N'étoit-ce pas ses vrais interêts que je lui remettois devant les yeux ? Pourquoi ne me laissoit-il pas du moins sa fille ? Ne devoit-il pas avoir plus de confiance en moi, qui étoit son Pere, que dans tout le reste du monde ? Que ne revenoit-il du moins à Cuba, lorsqu'il eut manqué son entreprise dans la Virginie ? Quelque inutiles que fussent ces plaintes, elles servirent à me faire connoître que nous pouvions tout attendre de la bonté & de l'affection de notre Grand-pere. Il nous en donna peu de jours après des marques éclatantes, par la magnificence avec laquelle il rendit les derniers devoirs à Mylord. Cette triste Cérémonie renouvella toutes nos peines. Le seul motif qui eut quelque force pour me consoler, fut qu'étant désormais sans périls & sans crainte à la Havane, j'aurois la liberté de me rendre à l'étude de la sagesse, que je n'avois pû cultiver depuis plusieurs années que par mes refléxions. J'ai Fanny, disois-je; & je retrouve des Livres. Voilà deux puissans remedes, qui pourront rendre peu à peu mon esprit tranquile, & fermer toutes les playes de mon cœur.

Dom Pedro commença dès le jour

de notre arrivée à nous traiter comme ſes chers enfans, & jamais il ne ſe relâcha de cette diſpoſition dans la ſuite. Sa reconnoiſſance ſe ſignala d'abord pour les ſervices que nous avions reçus du Corrégidor de Penſacola. Il fit au pere un préſent des plus conſiderables, & il retint le fils auprès de lui dans un des premiers Emplois de l'Iſle. Comme je n'avois point encore avec mon Epouſe d'autre lien que celui de la bonne foi & du conſentement paternel, Dom Pedro me preſſa beaucoup d'y ajouter les Cérémonies de l'Egliſe. Cela fit naître un embarras. Nous n'étions pas Catholiques Romains: ce n'étoit point parmi des Eſpagnols, qu'il falloit chercher un Miniſtre Proteſtant; de ſorte que le deſir de Dom Pedro, auſſi-bien que le nôtre, n'eût point été ſatisfait de long-tems, ſi nous euſſions abſolument refuſé de recevoir la bénédiction nuptiale d'un Prêtre de l'Egliſe Romaine. Mais quoiqu'à parler proprement, je ne fuſſe attaché à aucune Religion particuliere, je ne crus point qu'il y en eût une ſeule, de toutes celles qui font profeſſion de reconnoître & de ſervir un ſeul Dieu, dont les Mi-

mistres ne fussent respectables, par l'honneur qu'ils ont de le représenter. Ainsi j'exhortai Fanny à ne pas se faire un scrupule de prononcer ses promesses en présence de l'Aumônier de Dom Pedro. C'eût été un sujet de joye extrême, non seulement pour lui, mais pour tous les Habitans même de la Havane, de nous voir entrer dans la Communion de leur Eglise; mais le culte est si bizarre & si superstitieux parmi les Espagnols, qu'un homme de bon sens, qui n'y est point attaché par les préjugés de l'éducation, n'y sçauroit prendre une idée favorable de l'Eglise Romaine. Je priai donc le Gouverneur de me laisser libre sur cet article. Je lui promis seulement, d'accorder de ma part la même liberté à Fanny, quelque parti qu'elle jugeât à propos d'embrasser.

Cette chere Epouse, malgré toutes les fatigues de nos voyages, & les douleurs de nos pertes, ne laissoit pas d'être dans une grossesse très-avancée. J'avois tremblé mille fois, parmi tant d'agitations, pour ce qu'elle portoit dans son sein. Mais le repos de la Havane ayant bien-tôt rétabli sa santé, elle fit, trois mois après notre arrivée, une double couche des plus heureuses. Elle mit d'abord au monde un garçon. Cette premiere délivrance ne l'ayant pas entierement soulagée, j'avois quelque inquiétude sur les fâcheuses suites qui naissent quelquefois de ces accidens. Elle dura six semaines entieres, au bout desquelles Fanny me fit pere d'un second fils, qui naquit aussi heureusement que l'autre. Je remerciai le Ciel de ce présent, mais sans pouvoir néanmoins me livrer à la joye, trop pénetré encore du terrible souvenir de la mort de ma fille. O Dieu! m'écriai-je dans l'amertume de cette pensée, vous me donnez plus que vous ne m'avez ôté; mais quelque satisfaction que je reçoive jamais de la naissance de mes deux fils, égalera-t'elle les excès de douleur que le sort cruel de ma fille m'a fait sentir? Dom Pedro & mon Epouse ne virent dans l'augmentation de notre famille, qu'un sujet de joye & de consolation.

Mes occupations à la Havane furent pendant quelque tems fort simples & fort unies. Je me répandois peu au dehors. Tout le tems que je ne passois pas auprès de mon Epouse ou avec Dom

Pedro, je l'employois à l'étude. Quoique je n'eusse gueres que des Livres Espagnols, & que je ne goûtasse point le plus souvent la maniere de penser, ni le stile des Ecrivains de cette Nation, je ne laissois pas de trouver quelquefois dans leurs ouvrages d'excellens traits, qui me servoient comme d'ouvertures pour entrer dans des méditations plus profondes & plus utiles. Lectures & réflexions, je rapportois tout au réglement de mes mœurs & à l'établissement du repos & de la fermeté de mon ame. Mes anciens principes, ce précieux héritage que j'avois reçû de ma mere, n'étoient pas tellement sortis de ma mémoire, qu'il ne me fût encore aisé d'y en découvrir les traces. Si mon esprit s'en étoit moins occupé depuis quelques années, parce qu'il avoit été rempli presque continuellement d'une infinité d'autres objets qui avoient partagé mon attention, j'en avois conservé la racine dans le cœur; & l'on a vu jusqu'à présent, qu'il s'en étoit toujours répandu quelque chose sur ma conduite. Je me les rappellai tous, dans le même ordre que je les avois appris. Je me remis en même tems dans toutes les ſituations où je m'étois trouvé, depuis que j'avois abandonné la Caverne de Rumney-hole & le Tombeau de ma mere. Je comparai toutes mes actions, mes vertus & mes foibleſſes, mes peines & mes plaiſirs, mes bonnes & mes mauvaiſes fortunes, l'uſage que j'en avois fait, avec ces Regles de Morale dont j'avois autrefois reconnu ſi clairement la ſageſſe. J'examinai dans quelles occaſions, & par quel motif il m'étoit arrivé de m'en écarter. Etoit-ce ma faute, ou la leur? foibleſſe d'ame, emportement de paſſion de ma part, ou de leur côté, défaut de vérité pour me conduire, & de force pour me ſoutenir? Je démêlai mieux que jamais la ſource de tous mes mouvemens, & les reſſorts les plus ſecrets de mes paſſions. Enfin, je ne me contentai point d'avoir porté le flambeau au fond de mon cœur, pour le connoître; je n'y découvris rien que je ne m'efforçaſſe d'en bannir ſi c'étoit un mal, ou d'y établir d'une maniere encore plus ferme ſi je trouvois que ce fût quelque choſe qui appartînt à la Vertu. Tâchant même d'étendre mes ſoins juſques dans l'avenir, je me fis comme un magaſin d'armes morales & philosophiques, propres à me servir dans des occasions inconnues, & dans mille circonstances que le tems pouvoit faire naître, & que je ne prévoyois point.

Il faut que je le reconnoisse, à la gloire de la Philosophie & de la Raison : ces deux guides de ma conduite se trouverent encore plus puissans que tous mes maux. Après tant de troubles & de douleurs, ils eurent le pouvoir de rétablir un certain calme dans mon ame, & de la mettre dans une situation d'où je recommençai du moins à envisager le bonheur, comme un état auquel il m'étoit encore permis d'aspirer. Il me resta bien un fond de mélancolie, que je n'esperai pas que le tems ni mes efforts fussent jamais capables de surmonter ; mais je m'accoutumai à le regarder moins comme une maladie de mon ame, que comme un de ces changemens climateriques qui viennent quelquefois de la difference des âges, & dont il y a peu de personnes qui n'éprouvent quelque chose à mesure que les années se multiplient. Ajoutez, que la seule fatigue de mes voyages, jointe aux agitations continuelles de l'inquiétude & de la la douleur, avoit pû produire cette altération dans mes humeurs. Je parvins donc, sinon à oublier mes infortunes, du moins à les supporter avec ce degré de patience & de résignation qui fait qu'on s'afflige sans trouble, & qu'on se plaint, si j'ose parler ainsi, sans douleur & sans murmure. Tels furent assez long-tems mes dispositions & mes sentimens à la Havane.

Pendant ce tems-là, j'avois été informé de toutes les révolutions qui étoient arrivées dans ma Patrie, depuis mon départ de France. J'avois appris le renversément de la Républiqne; celui de la famille du Protecteur, le rétablissement de la Maison Royale, toutes les circonstances du rappel de Charles II. & le bonheur qui l'avoit accompagné dans ses premieres entreprises. Ces heureuses nouvelles nous eussent fait naître l'envie de retourner en Europe, si nous eussions pû quitter l'Isle de Cuba avec bienséance; mais nous devions de la reconnoissance & de l'attachement à Dom Pedro d'Arpez, qui ne cessoit point de nous combler de bienfaits. Mon Epouse étoit portée à demeurer auprès de lui jusqu'à ce qu'il plût au Ciel de l'appeller à une meilleure vie, pour lui donner la consolation d'avoir quelque personne chere qui lui fermât les yeux. Je ne me fis pas presser pour y consentir. Pour lui il comptoit tellement que nous étions avec lui pour toujours, qu'il ne lui vint pas même là-dessus le moindre doute. Il étoit en effet ce que mon Epouse avoit de plus proche, & il la regardoit, elle & ses enfans, comme le seul rejetton direct qui restât de son sang. Cependant, malgré la tendre affection que nous portions à ce bon vieillard, la difference des Nations faisoit toujours que nous nous regardions chez lui comme des étrangers; de sorte que nous étions bien éloignés de nous attendre qu'il dût nous instituer, comme il fit dans la suite, ses seuls & universels heritiers.

Il m'arriva, avant la fin de cette année, de prendre part à une avanture si extraordinaire, qu'elle mérite bien que j'interrompe un moment le récit des miennes, pour la faire servir d'ornement à mon histoire. C'est un délassement qui sera agréable à mes Lecteurs.

Le Capitaine d'un Vaisseau Espagnol arrivé de Porto Rico, étant venu rendre ses devoirs à à Dom Pedro d'Arpez ; lui raconta en ma presence, qu'il avoit essuyé une tempête des plus violentes entre la Jamaïque & la côte de Nicaragua; & qu'il avoit été jetté par le vent sur le rivage d'une petite Isle deserte, qu'on nomme *Serrane*. Il y avoit passé deux jours, nous dit-il, pour attendre la fin de l'orage, pendant lesquels ses gens étoient descendus à terre, & s'étoient répandus dans l'Isle, qui n'a guéres plus de trois lieues de circuit. Quoiqu'elle leur parût inhabitée, ils avoient apperçû dans plusieurs endroits les traces du pied d'un homme; & ne doutant point qu'avec plus de recherches ils ne découvrissent celui qui les avoit formées, ils n'avoient pas laissé un seul coin de l'Isle à parcourir & à visiter. Enfin, continua le Capitaine, ils virent sortir d'un trou dans l'enfoncement d'une petite vallée, un homme d'une haute taille, couvert d'habits assez riches, mais sales & déchirés, qui prit promptement la fuite vers un petit bois, aussi-tôt qu'il les eût apperçû. Ils n'eurent point de peine à le joindre, & s'en étant saisis, ils me l'amenerent. Je lui demandai en Espagnol, qui il étoit. Il me répondit dans ſa Langue naturelle, qu'il étoit Anglois, & qu'il étoit ſurpris que n'ayant offenſé perſonne de mon équipage, on l'eût arrêté avec violence. Je lui fis des excuſes honnêtes, & des offres de ſervice. Il parut rêver un moment, & reprenant la parole, il me dit qu'il avoit beſoin de deux choſes, & qu'il m'auroit obligation s'il pouvoit les obtenir de moi. La premiere étoit une petite proviſion de tout ce qui eſt néceſſaire pour écrire, c'eſt-à-dire, d'encre, de plumes, & de papier; la ſeconde, quelques livres, ſi j'en avois ſur mon Vaiſſeau, pour lui ſervir quelquefois d'amuſement dans ſa ſolitude. Je lui promis ſans difficulté deux faveurs ſi legeres; mais étant bien-aiſe de le connoître davantage, je lui demandai ce qui pouvoit l'attacher à cette demeure déſerte, & pourquoi il ne vouloit pas profiter de l'occaſion qu'il avoit d'en ſortir avec nous. Si je croyois, me répondit-il bruſquement, qu'il y eût un honnête homme au monde, je ne tarderois pas un moment à y retourner. Mais après les trahiſons que j'y ai eſſuiées, je me cacherois volontiers dans le ſein de la terre, pour être plus éloigné de ceux qui en habitent la surface. Il refusa absolument de s'expliquer davantage, & m'ayant pressé de lui donner ce qu'il m'avoit demandé, il me quitta en me suppliant de ne pas permettre que mes gens le troublassent par leurs visites. Je le plaignis, ajoûta le Capitaine Espagnol, parce que sa physionomie & ses manieres me parurent celles d'un honnête homme & d'une personne de distinction. Mais ne pouvant l'arracher de-là malgré lui, je profitai le lendemain du vent favorable, qui ne m'a point abandonné jusqu'ici.

Ce récit, qui n'avoit rien dont je dusse être touché plus particulierement que tous ceux qui l'avoient entendu avec moi, ne laissa pas de me frapper assez pour me faire remarquer que j'y prenois un extrême intérêt. Il ne sortit point de ma mémoire pendant plusieurs jours. Je méditois sans cesse sur cette force de raison & de courage, dont je supposois qu'un homme devoit être rempli pour avoir pû prendre volontairement un parti aussi extraordinaire que celui de vivre seul dans une Isle déserte. J'y joignois la cause qui l'avoit déterminé; c'étoit une haine de l'injustice & de la trahison. Je me formai de ces deux réflexions une idée admirable du caractere de l'inconnu. Voilà, disois-je, un homme que j'aimerois infailliblement, si j'étois assez heureux pour le connoître. Il m'aimeroit aussi, car il me trouveroit cette droiture qu'il croit absolument bannie d'entre les hommes. Je n'ai plus d'ami. Qui m'empêche de chercher à m'en faire un, d'une personne dont l'humeur & les principes me paroissent s'accorder entierement avec les miens? C'est d'ailleurs un office de charité naturelle & de générosité, que je rendrai à un malheureux qui semble ne pas mériter de l'être, que de contribuer à le consoler de ses peines, & à lui faire goûter peut-être plus de douceurs qu'il ne s'en promet à présent dans la vie. Je me sentis ainsi fort porté à entreprendre exprès dans ce dessein le voyage de Serrane. Je m'informai de sa situation & de son éloignement. Tout ce que j'appris étoit plûtôt un nouvel engagement, qu'un obstacle. Cette Isle est au Sud de la Jamaïque; de sorte qu'ayant dessein depuis quelque tems d'aller à Port-Royal pour y être éclairci certainement de l'état de l'Angleterre, je pouvois sans détour passer en chemin par cette Ville. C'étoit un voyage à finir en fort peu de tems ; & toutes les Nations qui ont des établissemens dans cette partie de l'Amérique, étant dans une profonde paix, il n'y avoit pas à craindre le moindre danger. Mon Epouse ne laissa point de s'allarmer de mon départ; mais je vins à bout de lui faire goûter mon entreprise. Vous ne vous opposeriez pas, lui dis-je, à un voyage que j'entreprendrois pour m'aller mettre en possession de quelque trésor ; & vous en condamnez un qui m'est inspiré par la compassion & par la vertu. Laissez-moi chercher les richesses que j'estime. Si vous m'aimez assez pour souhaiter de me voir heureux, que vous importe par quels biens je le devienne, pourvû que je le sois effectivement ? Et puis, bonne & généreuse comme vous êtes, pouvez-vous penser autrement que moi sur ce qui est capable de faire la félicité d'un bon cœur ? Quand je vous dis qu'il me manque un ami, & que c'est l'espérance d'en acquérir un qui me fait mettre en chemin, ne sentez-vous pas que ce que je desire vaut bien la peine d'être cherché. Elle ne fit à cela qu'une objection. Ne suis-je donc que votre Epouse, me dit-elle ? Ne suis-je pas encore votre tendre & fidele amie ? Esperez-vous trouver dans un autre, quelque chose que vous n'appercevez point dans moi ? Je lui répondis, que ce que j'appellois le bonheur de l'amitié, devoit être pris dans un autre sens. Par rapport à moi, lui dis-je, il suppose si peu que je ne trouve point dans vous tout ce qui m'est nécessaire pour être heureux, que c'est au contraire parce que je le suis infiniment, que j'ai besoin aujourd'hui de cette autre félicité, que je cherche dans l'amitié. Ecoute-moi, chere Fanny, ajoûtai-je, & comprens si tu peux cette énigme-là : Tu me rends heureux, ma chere amie ; mais pour sentir tout le bonheur que je goûte avec toi, il faut que j'aye quelqu'un qui ne soit pas toi, non seulement à qui je puisse le dire, mais en qui j'aye assez de confiance pour le dire avec goût, & qui m'aime assez pour trouver du plaisir à l'entendre.

Je partis de la Havane, dans un bon Vaisseau, & bien accompagné. Le vent me fut si favorable, que je fus le jour d'après à la Jamaïque. J'y trouvai un Vaisseau Anglois, nouvellement arrivé de de Londres, dont le Capitaine me confirma tout ce que j'avois appris de Dom Pedro d'Arpez, concernant l'heureux rétablissement de la Maison Royale. Ce n'étoit point un événement nouveau, puisqu'il y avoit déja plus de deux ans que le Roi Charles étoit remonté sur le Trône; mais j'en ignorois un grand nombre de circonstances, que je me fis raconter avec plaisir. Je m'informai ensuite si l'on avoit quelque connoissance à Port-Royal, d'un Anglois retiré dans l'Isle de Serrane; & obstiné à y vivre seul, par haine contre les hommes. Personne n'en avoit entendu parler; mais on m'apprit quelques particularités de cette Isle, qui augmenterent l'empressement que j'avois d'y arriver. On m'assûra qu'elle tiroit son nom d'un Gentilhomme Espagnol nommé *Serrano*, qui y avoit passé un grand nombre d'années dans la même solitude que l'Anglois dont j'avois parlé: que l'approche en étoit non seulement difficile, à cause des rochers dont elle est environnée; mais terrible même, surtout pendant la nuit, parce que du côté de Nicaragua elle paroît vomir des tourbillons de flâmes: que cela n'avoit point empêché que la curiosité n'eût porté plusieurs personnes à la visiter, & qu'il y étoit arrivé quelques avantures qui marquoient assez que ces flâmes apparentes avoient une cause fort extraordinaire.

Là-dessus on me raconta, que Sire *George Aiskew*, après s'être rendu maître au nom du Parlement, de l'Isle des Barbades, dont Mylord *Willoughby* étoit Gouverneur pour le Roi, avoit entrepris, sur le rapport qu'on lui avoit fait de l'Isle de Serrane, d'en faire le voyage pour satisfaire sa curiosité. Il y arriva heureusement à l'entrée de la nuit, quoiqu'un peu effrayé par les flâmes qui paroissoient s'élever de tous les endroits de l'Isle. L'étonnement succeda à sa frayeur, lorsqu'en approchant du rivage il crut remarquer que les flâmes se retiroient devant lui, à mesure que son Vaisseau s'avançoit. Il mit pied à terre avec sa suite, qui étoit composée de gens aussi entreprenans que lui; & ne voulant point remettre au lendemain à approfondir la cause de ce Phénomene, il pénétra sur le champ dans l'Isle, en remarquant toûjours que les flâmes continuoient à fuir en quelque sorte devant lui. Enfin, lorſqu'il commençoit à croire que ce n'étoit qu'un jeu de ſon imagination, elles s'arrêterent ſi bien, qu'il lui fut impoſſible d'avancer. Surpris au dernier point, il tourna long-tems autour de l'endroit enflâmé. Le feu ſembloit ſortir de la terre même, & n'avoir point d'autre aliment. Il en approcha ſes mains, qui ne purent en ſoûtenir la chaleur. La nuit s'étant paſſée ſans autre accident, il vit la flâme diſparoître avec l'obſcurité. Mais comme il appercevoit toujours une épaiſſe vapeur qui s'élevoit du même endroit, il ordonna à quelques-uns de ſes gens de retourner au Vaiſſeau, & d'en apporter des inſtrumens propres à creuſer. Il y en eut quatre qui entreprirent d'ouvrir la terre. A peine eurent-ils levé une couche de pierres chaudes & preſque brûlantes, qui couvroient la ſuperficie, que le fonds s'ouvrant ſous leurs pieds, ils furent engloutis tout vivans, ſans que leurs compagnons oſaſſent s'approcher pour leur donner du ſecours. Sire George, conſterné de ce malheur, & peut-être fort effrayé, voulut reprendre auſſi-tôt le chemin de ſon Vaiſſeau; mais & lui-même, & ſes gens, ſe trouverent comme étourdis & enyvrés, soit que ce fût un effet de la vapeur, ou de quelque autre cause : de sorte qu'ils eurent beaucoup de peine à gagner le rivage. Ils souffrirent même des douleurs très-aiguës dans tous leurs membres, en s'éloignant de l'Isle ; & ce ne fut qu'après quelques jours de repos, qu'ils furent entierement rétablis.

Sans chercher à approfondir la vérité de cette avanture, qu'il me sembloit d'ailleurs qu'on pouvoit expliquer d'une maniere fort naturelle, je ne pensai qu'à partir promptement pour Serrane. Le vent continuant à me favoriser, j'y arrivai en peu de tems, & je n'apperçus point de flâmes en m'approchant du rivage. Il est vrai que nous étions au milieu du jour, & que nous venions du côté du Nord. Je trouvai une Isle des plus nuës, sablonneuse & stérile sur ses bords. Il y avoit un si grand nombre de Tortues sur le sable, que je jugeai avec raison, que ceux qui y avoient vécû dans la solitude, n'avoient jamais eû d'embarras pour leur nourriture. L'Isle n'avoit guéres plus de trois lieues de circuit : je comptai qu'il ne me seroit pas difficile de la parcourir avant la fin du jour, & de rencontrer quelque-part le principal objet de mon voyage. Cependant, lorſque je me fus un peu écarté du rivage, je remarquai tant de petits bois, & un terrain ſi inégal, que je craignis d'y trouver plus de peine que je ne m'étois imaginé. Je marchai de côté & d'autres avec quelques-uns de mes gens, pendant une partie de l'après-midi. Le ſoir s'approchant, je pris le parti de monter ſur le ſommet d'une colline, d'où je découvris non ſeulement la Mer qui environnoit l'Iſle, mais pluſieurs petites vallées que je n'avois point encore apperçues. Je n'y avois pas été dix minutes, que je vis, environ à un demi mille de diſtance, un homme qui marchoit d'un pas lent vers le fond d'une vallée. Il n'y avoit point à douter que ce ne fût celui que je cherchois. J'ordonnai à mes gens de m'attendre, & n'en prenant qu'un pour m'accompagner, je me hâtai d'avancer pour joindre l'inconnu avant la nuit.

J'arrivai auprès de lui, ſans qu'il ſe fût apperçû de mon approche. Il n'étoit plus qu'à deux pas de ſon logement. Je m'arrêtai pour lui laiſſer le tems d'y entrer.

C'étoit moins un trou, comme nous l'avoit représenté le Capitaine Espagnol, qu'une cabanne assez commode, quoiqu'elle ne fût composée que de bâtons de bois & de gazons. Je me présentai aussi-tôt à l'entrée. Sa surprise me parut grande. Cependant, sans donner la moindre marque de crainte, il me demanda en Anglois ce qui m'amenoit là, & si je desirois quelque chose de lui. Comme mon dessein étoit de le connoître avant que de lui parler avec ouverture, je me contentai de lui faire une réponse assez honnête, pour l'empêcher de s'allarmer. Il reprit aussi-tôt la parole, & il me fit tout à la fois plusieurs questions : Si j'étois Anglois? où j'allois? d'où j'étois parti? L'ayant satisfait, il parut apprendre avec plaisir que je devois repasser à la Jamaïque ; & il me proposa de l'y transporter avec moi dans mon Vaisseau. Cette demande m'étonna beaucoup. Apparemment, lui dis-je, que vous vous lassez de la solitude, & que vous voulez quitter tout-à-fait cette Isle. Oui, me répondit-il, d'un air chagrin. J'y étois venu dans le dessein d'y passer le reste de ma vie ; mais les justes sujets que j'ai de haïr les hommes, ne peuvent l'emporter sur le fond de tristesse & d'ennui qui ne m'abandonne point ici nuit & jour. Je veux quitter l'Isle, & retourner en Europe. Le monde n'est plein que de perfidies; mais puisque c'est un mal nécessaire, il faut prendre patience, & vivre comme on peut parmi eux.

Je le considérois avec attention, pendant qu'il tenoit ce discours. Sa physionomie étoit assez heureuse; mais je lui trouvois quelque chose de rude dans le regard, & je ne me sentois point cette douce satisfaction que je m'étois promise à le voir. Il étoit pâle, & son habillement paroissoit en fort mauvais ordre. J'ai peine à concevoir, lui dis-je, comment des raisons qui ne sont point assez fortes pour vous retenir ici, ont pû l'être assez pour vous y conduire. Sont-elles si secretes, ajoûtai-je, que vous ne puissiez m'en rien apprendre? Il me pria de m'asseoir auprès de lui, & ayant paru rêver un moment, il me dit qu'il n'avoit point d'intérêt à me cacher qui il étoit; que je lui paroissois d'ailleurs honnête-homme; & que le service que j'allois lui rendre en lui donnant le moyen de retourner en Europe, méritoit bien qu'il s'ouvrît à moi avec quelque confiance.

Mon nom est célébre, me dit-il. Je suis le Général *Lambert*. Cromwell, qui me devoit toute sa fortune, & pour qui j'avois tout sacrifié, m'abandonna si perfidement, qu'il n'eut point honte à la fin de m'ôter jusqu'à mes emplois, le prix de mon sang & de mes services. *Fleetwoord* & *Desborougs*, qui n'ont jamais été capables de rien entreprendre sans mes conseils, & qui ne se seroient pas soûtenus un moment sans mon appui, m'ont trahi encore plus cruellement, & cela dans le tems même que j'exposois pour eux ma vie & ma fortune. *Ingoldsby*, le plus perfide de tous les scélérats, & celui néanmoins de tous les hommes qui me devoit le plus de reconnoissance & d'attachement, a porté l'ingratitude & la perfidie, non seulement jusqu'à abandonner mes intérêts, mais jusqu'à m'attaquer, armes en mains, se saisir de ma personne, vendre ma tête à *Monk* pour une somme d'argent, & me charger de fers dans un des plus noirs cachots de Londres. Vous raconterai-je toutes les trahisons particulieres que j'ai essuyées, de la part de mes amis, de mes créatures, de mes domestiques? J'occuperois aujourd'hui la place de Cromwell, si j'eusse pû mettre dans ceux que j'ai comblés de bienfaits, je ne dis pas un vif sentiment de gratitude, mais ces premiers traits d'humanité, qui doivent du moins empêcher de trahir & de perdre ceux à qui l'on doit tout. Misérable que je suis! je n'ai trouvé de fidélité dans personne, ni pour la vertu, ni pour le crime. J'ai été abandonné, trahi, livré, condamné à mort par une Sentence cruelle; pardonné ensuite, mais avec des marques si insupportables de mépris & de dédain, que je n'ai pû regarder la vie comme une faveur. Le Roi m'a relegué pour le reste de mes jours dans l'Isle de Guernesey. J'ai balançai si je ne ferois pas mieux de les finir tout d'un coup par la mort, que d'aller m'ensevelir dans cette triste retraite. J'étois dans cette incertitude, lorsque j'ai été replongé dans de nouveaux malheurs, par une rencontre qui me cause à présent autant de honte, qu'elle m'a causé successivement de plaisir & de douleur.

Etant prisonnier à la Tour, continua Lambert, j'avois lié une intime connoissance avec *Venables*, qui y avoit été renfermé à son retour de la Jamaïque. Quoique cette expédition eût réussi heureusement, & qu'il eût soûmis cette Isle à l'Angleterre, le Protecteur eut moins de joye de cet avantage, que de ressentiment de ce que Venables avoit manqué une entreprise plus considérable sur l'Isle d'Hispaniola. Les mesures que Cromwell avoit prises lui-même à Londres pour la conquête de cette Isle, lui avoient paru si infaillibles, que ne pouvant en attribuer le mauvais succès qu'à l'imprudence de Venables qu'il avoit choisi pour les executer, il le fit mettre à son retour dans une étroite prison, où il demeura jusqu'au rétablissement du Roi. Ayant eu le même sort quelque tems après, & la liberté de nous voir ne nous étant point refusée, j'appris de lui-même les causes secretes qui avoient fait échouer son dessein. Il étoit parti d'Angleterre avec cinq mille hommes; & quoiqu'il eût reçû les ordres du Protecteur, il les ignoroit encore, parce qu'ils étoient renfermés dans un papier cacheté qu'il ne devoit ouvrir qu'à une certaine hauteur. La Flote Angloise rencontra, peu de jours après son départ, un Vaisseau Espagnol qui faisoit la même route, & s'en étant emparée, Venables y trouva une jeune Espagnole toute charmante, qui retournoit à S. Domingue où elle étoit née. Il la vit. Il l'aima. Sa passion devoit être vive en naissant, puisqu'ayant ouvert à peu près dans le même tems le papier cacheté du Protecteur, & y ayant trouvé l'ordre de se rendre maître d'Hispaniola, en commençant par S. Domingue, qui est la Capitale, il n'eût point la force de cacher à sa maîtresse le dessein de cette expédition. Cette fille étoit adroite. Elle sçût profiter de la foiblesse de Venables, pour lui faire trahir son devoir. Il est vrai qu'elle en fut le prix; & que, soit par reconnoissance pour un tel sacrifice, soit par zéle pour sa Patrie, dont elle se crut obligée d'empêcher la ruïne, même aux dépens de son honneur, elle se livra entierement à son Amant lorsqu'il eût exécuté sa promesse. Venables négligea donc, sous divers prétextes de suivre le plan tracé dans le papier de Cromwell. Il fit sa descente si loin de S. Domingue, qu'avant qu'il pût se mettre en état de l'attaquer, les Espagnols eurent le tems de se fortifier assez pour rendre tous ses efforts inutiles. Il n'en fit même que de très-foibles, & seulement pour déguiser le motif de sa conduite. La conquête de la Jamaïque lui coûta d'autant moins, qu'il y porta toute son ardeur, comme s'il eût esperé de justifier par-là ce qui venoit de lui arriver à S. Domingue. Mais il avoit à faire à un Maître dont le foible n'étoit pas de se laisser tromper facilement, & qui, sans connoître le fond du mystere, lui fit payer sa faute par la perte de sa liberté. Cependant son Espagnole, qu'il avoit amené en Angleterre, le consoloit de cette disgrace. Il la mit pendant sa captivité entre les mains de quelques personnes de confiance, qui la lui restituerent fidélement. Etant sorti de prison, il se retira avec elle dans une maison de campagne, où elle n'étoit vûe que de lui. Je ne sçai si cette dangereuse créature se lassa de la contrainte, ou si elle pensoit dès-lors à se procurer les moyens de retourner dans sa Patrie; mais je n'eus pas de peine à reconnoître, lorsque je la vis pour la premiere fois, que son attachement pour Venables étoit fort refroidi. Ce fut après que j'eus obtenu grace du Roi, qui changea ma Sentence de mort en un bannissement perpétuel. J'étois encore sous la garde d'un Messager d'Etat; mais j'avois la liberté de visiter mes connoissances. J'allai voir Venables à sa campagne. Je fus charmé de sa Maîtresse. Elle s'apperçut de mes sentimens, & me jugeant propre, apparemment sur la connoissance qu'elle avoit de l'état de ma fortune, à la servir dans le dessein de quitter l'Angleterre, elle ménagea si adroitement la disposition où je ne lui cachai point que j'étois pour elle, qu'elle fit de moi une dupe des plus plus aveugles & des plus crédules. Je dois confesser à ma honte, que j'y allois de la meilleure foi du monde. Elle m'avoit paru infiniment aimable. Moins accoûtumé au plaisirs de l'amour, qu'aux intrigues de l'ambition, & aux exercices de la guerre, je fus flaté de la trouver si facile à m'écouter. Je devins amoureux jusqu'au transport, & je remerciai la fortune, qui me préparoit une consolation si douce, après m'avoir si cruellement maltraité. Mon premier dessein fut de lui proposer de me suivre à Guernesey. Mais elle eut l'adresse de me persuader, que nous segions plus agréablement & avec plus de sûreté à S. Domingue. Je ne m'opposai que foiblement à ce projet. J'étois enivré d'amour. Elle me donna la commission de chercher un Vaisseau pour l'Espagne. J'en trouvai un qui étoit prêt de faire voile pour Cadix. Nous nous dérobâmes tous deux si heureusement, que nous étions en Mer avant qu'on pût avoir le moindre soupçon de notre départ & du côté vers lequel nous devions tourner. Mon artificieuse compagne fut complaisante pour tous mes desirs. Nous trouvâmes aisément à Cadix une occasion favorable pour Hispaniola. Nous y arrivâmes ; & dans l'espece d'enchantement où j'étois, il ne me vint pas même une fois à l'esprit que j'eusse la moindre défiance à concevoir. Ses parens la reçurent avec beaucoup de joye. Elle leur apprit publiquement, & en ma présence, qu'ayant été prise par les Anglois & menée prisonniere en Angleterre, elle m'avoit l'obligation de sa liberté. Elle n'ajoûta rien, quoique nous fussions convenus qu'elle me feroit passer pour son époux, & que je continuerois de vivre avec elle sous ce titre. Il est vrai que son silence sur cet article me causa quelque chagrin, & que j'attendois le moment de me trouver seul avec elle pour lui en faire un reproche; mais étant encore sans défiance, je m'imaginai qu'elle vouloit s'expliquer en particulier avec sa famille, & je m'écartai exprès pour lui en donner l'occasion. Elle en profita effectivement; mais ce fut pour me tromper avec la derniere perfidie. Elle confessa toute son histoire à son pere & à ses freres. Ils prirent ensemble la résolution de se défaire de moi, de quelque maniere que ce fût, pour enterrer avec moi les avantures de leur sœur & le deshonneur de leur famille. Je ne parle point de leur dessein par conjecture, c'est d'eux-mêmes que je l'ai appris; & je dois regarder comme un miracle, le bonheur que j'ai eu d'échaper de leurs mains. Le coup se seroit sans doute exécuté la nuit suivante: mais l'un d'entr'eux ayant sçû, heureusement, qu'il devoit partir le lendemain un Vaisseau pour Carthagêne, cette nouvelle leur fit changer de résolution. Ils prirent le parti de m'y faire embarquer, & de m'accompagner eux-mêmes jusqu'à ce Port, où il se trouve continuellement des

Vaiſſeaux pour l'Europe. Leur deſſein, en m'accompagnant, étoit d'être ſans ceſſe auprès de moi, pour me forcer au ſilence juſqu'à ce que j'euſſe quitté les côtes de l'Amérique. Ils étoient trois, qui devoient ainſi me ſervir de gardes. N'ayant pû me ménager juſqu'au ſoir un moment pour entretenir, ni même pour voir ma Maîtreſſe, je commençai à former quelque ſoupçon ſur cette abſence affectée. La cauſe m'en fut expliquée à l'entrée de la nuit par les trois freres; & de peur, apparemment, qu'il ne me prît envie de leur donner quelque embarras par ma réſiſtance, ils me déclarerent que la grace qu'ils me faiſoient de m'accorder la vie, étoit contraire à leur premiere réſolutions, & qu'il falloit m'en rendre digne par ma promptitude à me rendre au Vaiſſeau, & ma facilité à me laiſſer conduire. Je compris auſſi-tôt, que j'avois été la dupe de la ſœur, & que j'allois être le jouet des freres. Cependant, je fus gardé de ſi proche, que je ne pus rien entreprendre pour ma liberté. On me fit ſortir de la Ville & gagner le Port avant le jour, & l'on mit à la voile preſque auſſi-tôt. Vous pouvez concevoir

cevoir quelle étoit ma rage. Je priai mille fois le Ciel de nous abîmer en sortant du Port. Les trois freres m'observoient avec tant de soin, qu'il me fut impossible de prendre un moment pour me précipiter dans la Mer. Ce n'étoit plus l'amour qui me tourmentoit avec cette violence, c'étoit la honte & le desespoir d'avoir été trompé si indignement. Pour comble de malheur, j'entendois à peine quelques mots d'Espagnol. Mes guides, à la vérité, sçavoient parfaitement l'Anglois; mais j'eusse souhaité de pouvoir m'exprimer dans toutes les Langues, pour me donner la consolation, lorsqu'ils jugeroient à propos de me laisser libre, de publier la vérité de mon avanture, & de deshonorer à jamais l'infâme créature qui s'étoit jouée de moi avec tant de perfidie. Pendant que j'étois dans ces agitations, un vent d'Est assez violent écarta notre Vaisseau de la route. Les trois freres, qui affectoient de me traiter avec une grande apparence d'honnêteté, me firent remarquer quantité de petites Isles dont cette Mer est parsemée. En me montrant celle-ci, ils me raconterent l'histoire d'un certain Serrano qui y a vêcu long-tems dans la solitude, & ils ajoûterent à leur récit des particularités si intéressantes de la bonté de l'air & du terroir, qu'ils me firent naître tout d'un coup l'envie de m'y retirer comme dans un asyle. Je ne balançai point à leur en faire la proposition. Ils n'avoient pas d'intérêt qui dût les empêcher d'y consentir. J'obtins du Capitaine, par leur moyen, la permission d'y passer dans la chaloupe. Jamais résolution ne fut prise avec tant d'ardeur, & executée avec tant de courage. A peine consentis-je à recevoir quelques provisions, qui m'étoient néanmoins nécessaires jusqu'à ce que je pusse acquérir un peu de connoissance des lieux, & de me mettre en état de ne devoir plus mes alimens qu'à la nature. Je vis partir ceux qui m'avoient amené dans la chaloupe, sans daigner les regarder & leur dire adieu. Périsse toute la race perfide des hommes, m'écriai-je vingt fois, dans le transport de haine dont j'étois animé contre le genre humain; périssent toutes les parties habitées de la terre, puisqu'elles ne contiennent que des traîtres & des ingrats! Je vivrai seul ici. Je n'y ſerai trahi de perſonne. Dans quel autre lieu irai-je chercher plus de repos & de conſolation ? L'entrée de ma Patrie m'eſt fermée pour toujours. L'Iſle de Guerneſey, dont on me permet le ſéjour, vaut-elle le chemin qu'il faudroit faire pour m'y rendre ? Je pourrois peut-être me faire valoir dans quelque Cour étrangere, & m'y procurer honorablement de l'emploi dans les armes; mais que de contraintes & de grimaces, pour m'y concilier des amis & des protecteurs ? Et puis, ne trouverai-je point de tous côtés des hommes, c'eſt-à-dire, des perfides & des ſcélérats, dont le commerce m'eſt odieux, & avec leſquels je n'ai jamais goûté de ſatisfaction ſincere, même en marchant ſur leurs traces, & en m'efforçant de leur reſſembler ?

Ces réflexions, ajoûta Lambert, ont été aſſez fortes pour me ſoûtenir ici pendant quelques mois, contre l'ennui de la ſolitude, & les miſeres de l'état où vous me voyez. Mais je confeſſe que ma patience n'eſt plus égale dans tous les momens du jour. Je ne trouve point aſſez de reſſources dans moi-même, pour remplir continuellement le vuide de mon imagination, & pour fixer cette activité inquiéte qui me fait sentir sans cesse que mon cœur a quelque chose à desirer. Un heureux hazard m'a procuré des Livres ; mais si vous songez que la guerre & les affaires politiques ont toujours fait ma principale occupation, vous ne serez pas surpris que j'aye peu de goût pour les Sciences ; & que je lise peut-être les meilleures choses du monde, sans les connoître, ou du moins sans les sentir de cette maniere qui attache l'esprit & qui satisfait le cœur. Ainsi vous me ferez une extrême faveur, si vous consentez à me recevoir avec vous pour passer à la Jamaïque. J'ai dessein de me rendre delà au lieu de mon exil. Je sçai que j'y trouverai des hommes. Ils me persécuteront. Ils me trahiront encore. Mais après les effets que j'ai ressenti de leur fureur, il semble que je dois moins les appréhender. Je les connois. Leur malignité ne surpassera point mon attente.

Quoique Lambert ne m'eût point fait ce récit sans émotion, il s'en falloit beaucoup qu'elle approcha de celle que je sentois en l'écoutant. Son nom seul m'avoit d'abord glacé le sang. Je ne sçavois que trop, qu'il avoit été un des principaux Miniſtres des injuſtices de mon pere, & s'il n'étoit pas du nombre de ces parricides qui prononcerent la Sentence de notre malheureux Roi, perſonne n'ignore qu'il avoit eû beaucoup de part à ce crime, par ſes inſinuations & ſes conſeils. Loin donc de ſentir croître le premier penchant qui m'avoit fait prendre intérêt à ſa mauvaiſe fortune, j'eus beſoin de plus d'un effort pour modérer d'abord mon indignation, & retenir les mouvemens de ma haine. Cependant, le récit de ſes malheurs & de ſes peines cauſa enſuite dans mon cœur un combat de quelques momens. Ce que je ne me ſentois pas porté à faire par inclination, la pitié l'auroit peut-être produit, ſi j'euſſe pû m'aſſûrer que ſon horreur pour l'ingratitude & la perfidie lui fût venu d'un ſentiment de vertu, & de quelque goût pour le bien. Il eſt homme, diſois-je; il eſt dans l'infortune; deux titres qui lui donnent droit à ma compaſſion & à mon ſecours. S'il s'eſt écarté long-tems de ſon devoir, il peut arriver qu'un heureux repentir l'y ramene, & c'eſt un effet que les diſgraces qu'il a eſſuyées doivent produire naturellement. Etant occupé en partie par ces réflexions, dans le tems même que j'étois attentif à son discours, je ne pouvois avoir qu'un air extrêmement rêveur & appliqué. Il s'en apperçut en finissant, & il me demanda avec inquiétude ce que je pensois de son sort & de son récit.

Je le regardai fixement, & je ne pris la parole qu'après avoir cherché mes expressions pendant quelques momens de silence. Lambert, lui dis-je d'un ton ferme, vous avez manqué de prudence. Votre intérêt demande que vous cachiez soigneusement votre nom, qui n'est propre qu'à inspirer de l'horreur à tous ceux qui vous connoîtront. Croyez-moi; il est de mauvaise grace de se plaindre des hommes & de les traiter de perfides, lorsqu'on a des crimes à se reprocher. Ecoutez, ajoutai-je; vous ne sçavez pas à qui vous vous êtes ouvert. Tout autre que moi, avec autant de détestation que j'en ai pour vos attentats & ceux de vos semblables, ne balanceroit peut-être pas à se servir de l'occasion & du pouvoir que 'aiici, de délivrer la terre d'un homme aussi, méchant que vous. Mais le Roi vous a pardonné : c'eſt au Ciel maintenant à vous punir. Je ſouhaite qu'un prompt repentir vous faſſe éviter ſes châtimens. Retournez en Europe, & vivez-y, s'il ſe peut, en honnête-homme. Je vous accorde volontiers le paſſage juſqu'à la Jamaïque.

Il étoit d'un caractere bruſque & violent. Cette réponſe le mit preſque en fureur. Ses yeux étinceloient. Qui que tu ſois, me dit-il avec une fierté extrême, tu es un lâche, de m'inſulter dans l'état où je ſuis. Je ſuis ſeul, & ſans armes. Tu es armé, & bien accompagné. Prie le Ciel de ne me rencontrer jamais dans un autre lieu. Il me preſſa enſuite de ſortir de ſa cabane, en ajoûtant, qu'il périroit plûtôt que de m'avoir obligation, & que je pouvois quitter l'Iſle ſans le troubler davantage. Lambert, repris-je d'un ton paiſible, je n'ai pas eu deſſein de vous faire inſulte. Je vous ai dit naturellement ce que je penſe de votre conduite paſſée ; & je ne m'exprimerois pas avec moins de liberté quand vous ſeriez encore en Angleterre, avec la même puiſſance, & à la tête d'une armée. Vous devriez regarder ma ſincérité comme une faveur, puisqu'après le reproche que je vous ai fait de vos crimes, elle m'a porté à faire aussi des vœux pour votre changement. Ne vous emportez point mal à propos ; & si vous vous ennuyez du séjour de cette Isle, profitez de l'occasion d'en sortir, comme vous l'avez souhaité. Son orgueil se trouva si blessé de me voir continuer à lui parler sur ce ton, qu'il paroissoit prêt à crever de rage. Il sortit brusquement de la cabane, en jurant qu'il sçauroit quelque jour me rencontrer dans un autre état, & me faire payer cher mes injures. Je ne fis point d'éforts pour le rappeller. Je quittai moi-même sa demeure, & je rejoignis mes compagnons. Il me sembla que j'avois fait assez pour un homme de cette sorte, en consentant à le prendre dans mon Vaisseau, & à le conduire à la Jamaïque.

Cependant pour remporter du moins quelque fruit de mon voyage, je continuai de visiter l'Isle, sur-tout du côté du Midi, où j'étois bien aise de vérifier par mes propres yeux une partie de ce qu'on m'avoit rapporté à l'occasion de Sir George Aiskew. La nuit n'étoit point assez obscure pour m'empêcher d'apper-

cevoir

cevoir tout ce qui pouvoit s'offrir d'extraordinaire. Je côtoyai long-tems le rivage qui répond à la côte de Nicaragua. Je n'y apperçus point de flâmes, ni rien qui ressemblât à l'effrayante description qu'on m'avoit faite de cette partie de l'Isle. Seulement je vis sur le revers d'une Colline, un mélange de blancheur & d'obscurité, qui a peut-être une apparence de flâmes & de fumée pour ceux qui passent pendant la nuit dans ces Mers, sans s'approcher de l'Isle. Quoique ce spectacle n'eût rien de fort extraordinaire, nous marchâmes droit à la Colline, pour en découvrir la cause. La blancheur nous paroissoit augmenter à mesure que nous avancions. Il se trouva à la fin, que ce n'étoit qu'un fond de terroir gras & bitumineux, qui n'étoit couvert d'herbe en aucun endroit, & qui étoit comme divisé d'espace en espace par des fosses fort profondes. Quelque claire que fut la nuit, nous ne pûmes connoître parfaitement ce que c'étoit que ces fosses, & nous résolûmes d'attendre le jour pour nous en éclaircir. Nous passâmes le reste du tems à nous reposer dans une Prairie. Le jour étant arrivé, nous remarquâmes distinctement qu'il sortoit de la fumée de plusieurs de ces ouvertures, & que le fond en étoit noir & sec, comme l'est un lieu où le feu a passé. Elles avoient trop de profondeur, pour être examinées davantage; mais je conjecturai que soit que le feu du Ciel fut tombé sur cette terre grasse & l'eût enflâmé, soit que la chaleur fut venue de quelque cause intestine, il y avoit eû dans cet endroit une violente inflammation; ce qui servoit à expliquer, du moins en partie, l'avanture de Sir George Aiskew.

Etant retourné au Vaisseau, la premiere chose que j'appris de mes gens, fut qu'il venoit de leur arriver un Etranger, qui avoit demandé d'abord où j'étois, & qui ne me trouvant point de retour, les avoit priés de le recevoir à bord pour passer à la Jamaïque. C'étoit le Général Lambert. On me dit qu'il s'étoit retiré dans un coin du Vaisseau, où il étoit à rêver seul d'un air chagrin; & qu'il n'y avoit parlé à personne, excepté pour s'informer en peu de mots qui j'étois, & quel dessein m'avoit amené à Serrane. Mais les Espagnols ausquels il s'étoit adressé n'étant point dans le secret de mes affaires, n'avoient pû l'éclaircir qu'en général sur ma Patrie & sur mes liaisons avec le Gouverneur de l'Isle de Cube. Je jugeai que malgré tout son ressentiment, il avoit fait des réflexions qui avoient refroidi son humeur bouillante; & qu'il aimoit mieux m'avoir l'obligation de son passage, que de manquer cette occasion de quitter la solitude. Je résolus non seulement de ne pas m'y opposer, & de le faire traiter avec honnêteté; mais de lui épargner même la confusion de reparoître devant moi, en évitant de le voir jusqu'à Port-Royal. Je donnai ordre à quelques-uns de mes gens de prendre soin de lui, & de lui offrir toutes sortes de secours & de rafraichissemens. Il n'accepta que le nécessaire, & il continua de garder un profond silence. Après avoir employé une partie du jour à visiter toutes les parties de l'Isle, nous nous remîmes en Mer. Le vent nous reconduisit heureusement à la Jamaïque. Comme nous touchions à terre, & que l'Equipage commençoit à débarquer, Lambert me fit demander un moment d'entretien particulier dans ma chambre. J'y consentis volontiers. Il se présenta d'un air honnête. Le ſervice, me dit-il, que vous venez de me rendre en m'accordant le paſſage, me fait oublier la maniere dure & offenſante dont vous m'avez traité. Je ne ſçai quelle raiſon vous avez eu de le prendre ſur ce ton avec moi qui ne vous connois point, & qui ne vous découvrois mon nom & mes malheurs que pour m'attirer votre ſecours & votre compaſſion. Cependant je vous quitte ſans reſſentiment, & je ſerois même ravi de pouvoir vous marquer de la reconnoiſſance. Ce diſcours qu'il me fit avec beaucoup de douceur, me rendit incertain pendant quelques momens de la maniere dont je devois lui répondre : mais enfin je conclus après un peu de réflexion, qu'il y avoit trop peu de fonds à faire ſur un homme de ſon caractere pour en attendre des ſentimens conſtans de vertu, & par conſéquent, pour prendre un interêt particulier à ce qui le touchoit. Ainſi ſans entrer dans la moindre explication, je me contentai de l'aſſurer que je ne lui ſouhaitois point de mal, & que j'étois même diſpoſé à lui continuer mes ſervices. Le ſeul que je vous demande, reprit-il, eſt de ne revêler ici mon nom à perſonne, & d'ordonner la même choſe à ceux de vos gens qui peuvent le connoître. Je le lui promis, & nous nous ſéparâmes. Je ne l'ai pas vû depuis; mais j'apprens dans le tems même que j'écris ces Mémoires, qu'il eſt à Guerneſey depuis long-tems, & qu'il y mene une vie douce & tranquille.

Quoique je n'euſſe point de motif particulier qui m'obligeât de repaſſer par la Jamaïque, je revis avec plaiſir Port-Royal, par cette ſeule inclination qui fait trouver de la douceur à ſe voir avec ſes Compatriotes, & à s'entretenir du Païs où l'on eſt né. Je n'y avois aucune habitude; mais pluſieurs perſonnes auſquelles j'avois eû l'occaſion de parler en y paſſant la premiere fois, me reçurent encore avec honnêteté. Je ne leur avois appris ni mes deſſeins, ni ma fortune. Ils me connoiſſoient ſeulement ſur le rapport de mes gens, pour un Anglois qui avoit épouſé la Fille du Gouverneur de Cube. En s'entretenant avec moi ils me demanderent ſi je n'avois pas entendu parler de Mylord Axminſter. L'émotion que je ſentis à ce cher nom, faillit d'abord à me faire répondre avec une franchiſe que je m'étois proposé de ne point avoir. Cependant m'étant remis avec un peu d'effort, je jugeai à propos, avant que de m'expliquer, de sçavoir de celui qui m'interrogeoit dans quelle vûe il me faisoit cette question. Il me répondit naturellement qu'il n'avoit point d'autre vûe que d'apprendre des nouvelles de ce Seigneur, qui avoit fait du bruit en Amerique quelques années auparavant & qui avoit disparu ensuite, sans qu'on eût pû sçavoir ce qu'il étoit devenu; qu'on s'étoit imaginé qu'il avoit péri malheureusement par les mains des Sauvages; que le Roi depuis son rétablissement avoit donné ordre plusieurs fois qu'on le cherchât avec soin; qu'on s'y étoit employé inutilement; que depuis fort peu de tems, c'est-à-dire depuis que j'étois venu à la Jamaïque en allant à l'Isle de Serrane, il avoit passé à Port-Royal un Vaisseau dont le Capitaine qui étoit Anglois, quoique son Equipage fut composé de diverses Nations, s'étoit informé extraordinairement de tout ce qui regardoit ce malheureux Seigneur & quelques Anglois de sa Suite; & que n'en ayant pû rien apprendre de certain, il avoit remis à la voile aussi-tôt, sans s'expliquer autrement sur le dessein de son voyage.

Je ne crus pas pouvoir douter, après avoir entendu ce récit, que ce ne fût Madame Lallin qui faisoit chercher Mylord, moi & toute notre malheureuse Famille. Je m'imaginai même qu'elle étoit dans le Vaisseau dont on me parloit, & que ne nous trouvant point à la Jamaïque, elle auroit tourné apparemment vers l'Isle de Cube pour tirer quelqu'information du Gouverneur, dont elle n'ignoroit pas que Mylord Axminsteravoit épousé la Fille. Je me hâtai dans cette pensée de quitter Port-Royal pour regagner promptement la Havane. Ce devoit être pour moi un sujet de joye infinie de revoir une Dame que j'avois de véritables raisons d'estimer. Le tems me parut long dans cette esperance. Enfin nous arrivâmes, & je trouvai que j'étois attendu sur le rivage. Mais par qui? le devinera-t-on? par mon Frere Bridge & son ami Gelin. Leur vûe me causa une vive satisfaction. Je ne me souvins nullement de nos démêlés passés, & je fus encore plus éloigné de prévoir les maux qu'ils devoient me causer à l'avenir. Je me livrai au plaisir de les voir & de les embrasser.

Ils étoient arrivés huit jours avant moi, & s'étant fait connoître à mon Epouse & au Gouverneur, ils en avoient été traités avec beaucoup d'amitié. Ils eurent le tems, en marchant vers la Ville, de me raconter la conclusion de leurs Avantures. C'étoit un mêlange de peines & de plaisirs, comme il arrive dans tous les évenemens qui dépendent de la Fortune. Ils avoient découvert leur Isle, cet objet de tant de recherches & de desirs; mais ils n'avoient dû ce bonheur qu'à un accident des plus funestes. Après avoir continué leurs courses pendant plusieurs mois depuis notre séparation, ils étoient retournés à sainte Helene, autant par le désespoir de voir toutes leurs peines inutiles, que par la nécessité de renouveller leurs provisions qu'ils avoient eû le tems de consumer. Ils y avoient passé l'Hiver dans le dessein de se remettre en Mer au Printems. Lorsqu'ils commençoient à s'y preparer, ils virent un jour arriver dans le Port une Barque de la Colonie avec un petit nombre d'Habitans qui la conduisoient. Leur joye étant égale à leur surprise, ils s'empresserent de leur parler & de leur faire toutes sortes de caresses, bien résolus en même tems de les observer avec tant de soin qu'il leur seroit impossible de se dérober, & de cacher leur départ & leur route. Mais ils n'eurent besoin pour cela ni d'adresse, ni de précautions. Ces malheureux Habitans venoient volontairement découvrir leur demeure, leurs infortunes, & le besoin qu'ils avoient de la charité & du secours du Gouverneur. Une maladie contagieuse qui s'étoit répandue l'Eté d'auparavant dans la Colonie, en avoit emporté la plus grande partie. A peine étoit-il échapé cent personnes. Ce triste reste n'avoit pas laissé de se roidir contre la crainte & le danger; ils avoient rendu les derniers devoirs à leurs Compagnons, & la force du mal s'étant rallentie au commencement de l'Hiver, ils avoient esperé de pouvoir se rétablir peu à peu & reparer leurs pertes. Cependant le mauvais état de leurs Terres, qui étoient demeurées sans culture, l'air de tristesse & de solitude qui regnoit continuellement parmi eux, mille difficultés présentes & des craintes encore plus fâcheuses pour l'avenir, les avoient enfin portés unanimement à chercher du ſecours au dehors, & à ſouhaiter même d'abandonner tout-à-fait l'Habitation. Ce deſir s'étoit fort augmenté par la connoiſſance qu'ils avoient acquiſe de la ſituation de leur Iſle. Ceux qui étoient les dépoſitaires de ce ſecret, avoient été obligés de le communiquer en mourant, & dans le trouble continuel que la préſence de la mort ne pouvoit manquer de cauſer à tout le monde, on n'avoit point gardé les meſures ordinaires pour l'empêcher de ſe répandre. Tout ce qui reſtoit d'Habitans en fut donc bien-tôt informé, & l'on vit arriver à la fin, ce que la prudence des Anciens leur avoit fait appréhender dès l'origine de l'Etabliſſement; c'eſt-à-dire, que la connoiſſance du lieu fit naître l'envie de le quitter.

Pour éclaircir tout ce qu'on a pu trouver d'extraordinaire dans la deſcription que j'ai faite de cette myſtérieuſe Colonie, je dois rapporter ici ce que j'en ai vû moi-même en retournant en Europe. La partie méridionale de l'Iſle de ſainte Helene eſt environnée de Rochers, dont les uns ſont d'une hauteur extraordinaire & bordent ce côté de l'Isle, comme autant de remparts ; les autres ne paroissant qu'à fleur d'eau, en défendent l'approche aux grands Vaisseaux, & ne la permettent pas même aux plus petites Barques, si ceux qui les conduisent ne connoissent parfaitement les détours & les passages. C'est ce qui a fait que cette côte, qui d'ailleurs n'a rien d'agréable en apparence, a été négligée long-tems par les Habitans de l'Isle. C'étoit d'abord des Portugais. Ils étoient en petit nombre, & ils n'avoient qu'un très-médiocre Etablissement dans la partie qui regarde le Nord. Mais ce qui est singulier, c'est que ces Roches escarpées, qui bordent l'Isle au Midi, renferment dans leur sein une plaine qui n'a pas moins de cinq ou six lieues de longueur ; & qui l'environnant aussi-bien du côté de la Terre que de la Mer, la dérobent aux regards non seulement de ceux qui s'approchent par Mer en venant du Midi, mais de ceux-mêmes qui habitent le corps de l'Isle & ausquels il peut prendre envie d'en faire le tour. Ceux-ci qui apperçoivent les Rochers qui sont entr'eux & la plaine, s'imaginent qu'ils sont au bout de l'Isle, & que c'est la Mer qui se trouve de l'autre côté. Les autres, au contraire, croyent que les Rochers qu'ils apperçoivent du côté de la Mer, bornent la partie de l'Isle qui est connue & habitée. Ainsi de l'un & de l'autre côté, ce sont des Rochers differens qu'on apperçoit, au milieu desquels est située la plaine dont je parle, & que leur hauteur escarpée fait prendre pour une même masse, quoique le terrein qu'ils contiennent intérieurement ait plus de trois lieues de largeur.

Cet espace de Terre, si bien caché & défendu si heureusement par la Nature, est le lieu même où la Providence avoit conduit les Rochellois, & auquel Bridge donne dans sa Relation le nom de l'Isle de la Colonie. On conçoit à présent comment les Habitans de cette retraite paisible y avoient pû passer tant d'années sans être connus de leurs voisins, & sans sçavoir eux-mêmes que leur demeure faisoit partie de l'Isle de sainte Helene. Ce secret, après avoir été découvert par Drington, s'étoit conservé parmi un petit nombre d'Anciens qui l'avoient gardé religieusement, jusqu'à ce que le desordre causé par le mal contagieux avoit ſervi inſenſiblement à le faire révéler. Les Habitans que la Peſte avoit épargnés, ne purent ſçavoir long-tems qu'ils avoient d'autres hommes auprès d'eux, ſans ſouhaiter de lier avec eux quelque commerce; & dans l'embarras où ils ſe trouvoient par la mort de leurs Compagnons, l'ennui ayant bien-tôt ſuccedé à la ſatisfaction qu'ils avoient goûtée pendant tant d'années dans leur ſolitude, ils prirent enfin le parti de faire avertir le Gouverneur de ſainte Helene par leurs Députés, du beſoin qu'ils avoient de ſon ſecours.

Si le premier mouvement de mon Frere & de ſes deux Amis les avoit portés à ſe réjoüir à la vûe de ces Députés, l'étrange nouvelle de la ruine de la Colonie leur inſpira d'autres ſentimens. A peine oſérent-ils s'informer ſi leurs Epouſes étoient du malheureux nombre de ceux qui avoient péri. Le tendre Bridge craignoit cet éclairciſſement, comme l'Arrêt de ſa mort. Il ſe trouva néanmoins, par une favorable diſpoſition du Ciel, que la plus grande perte tomba ſur celui qui étoit le plus capable de la ſupporter. Je veux dire que Gelin fut le ſeul qui eût perdu son Epouse. Mon Frere se fit répeter cent fois que sa chere Angelique étoit vivante, qu'il la reverroit, qu'il la possederoit librement. Johnston se livra au même plaisir. Leur joye ne fut troublée qu'en apprenant la mort de Madame Eliot, de l'aînée de ses Filles, & de quantité d'autres personnes qui leur étoient cheres. Les trois jeunes Infideles qui avoient trahi leurs Epouses & leurs Compagnons, étoient morts aussi. Gelin fut d'abord affligé jusqu'au transport: mais, graces à son caractere, qui le rendoit aussi peu capable d'une longue douleur que d'une douleur moderée, il se consola assez-tôt pour empêcher ses Amis d'appréhender les suites de son desespoir. L'impatience de Bridge lui permit à peine d'attendre que les Députés eussent fait leurs propositions au Gouverneur. Il contribua beaucoup à les faire écouter favorablement. Tout ce qu'ils demandoient leur fut accordé. Une partie des Habitans de sainte Helene se mit dans des Barques pour les accompagner à leur retour, & la curiosité porta le Gouverneur même à les suivre. Ils trouverent encore dans les miserables restes de la Colonie, assez d'ordre & de traces de l'ancienne discipline, pour ne les voir qu'avec admiration. L'arrivée imprévûe de mon Frere & de Johnston combla de joye leurs Epouses. Il n'y avoit plus de Ministre, ni de farouches Anciens, qui pussent s'opposer à leur bonheur. L'Amour, la Vertu & même la Fortune s'unirent pour les récompenser & leur faire oublier leurs peines. Heureux Epoux! qui virent enfin leur tranquillité solidement établie, pour durer sans interruption jusqu'à la mort.

Le Gouverneur ayant offert à tous les Habitans de la Colonie de la faire transporter avec tous leurs biens dans l'autre partie de l'Isle, pour ne composer qu'un même corps avec ceux qui étoient sous son Gouvernement, ils y consentirent, & l'on travailla aussi-tôt à ce changement. Ils partagerent avec égalité l'argent qui étoit en dépôt dans le magasin. Ce trésor étoit si considérable, que chacun eut dequoi mener une vie douce & commode. Cependant ils firent réflexion, qu'étant Protestans, il leur seroit peut-être difficile de vivre long-tems en paix avec les Portugais, qui sont, comme on sçait, le Peuple le plus intolérant de la Communion Romaine. Une sage prévoyance de ce qu'ils avoient à craindre pour l'avenir, les porta à prier le Gouverneur de leur accorder à quelque distance de son Habitation, un endroit commode, pour en former eux-mêmes une nouvelle. Ils s'engagerent à le reconnoître pour leur Chef, à condition qu'il les laissât libres dans l'exercice de leur Religion, & qu'il leur accordât tous les privileges des autres Habitans de l'Isle. Cet accord fut conclu de part & d'autre avec un serment solemnel. Quelques Anglois, qui étoient mêlés avec les Portugais, s'unirent à leurs compatriotes pour jetter les fondemens d'une nouvelle Ville. Elle prit en peu de tems une forme réguliere, & elle s'est depuis augmentée considérablement par la jonction d'un grand nombre d'Anglois & de François refugiés. Mon frere y fixa sa demeure avec ses deux amis. Ils y passerent plus d'un an, pour se remettre de leurs fatigues, & s'accoutumer tranquillement à leur bonne fortune. Mais l'excellent naturel de mon cher frere ne lui permit pas d'oublier tout-à-fait que j'étois moins heureux

heureux que lui. L'état où il m'avoit laissé à la Havane revenoit sans cesse à sa mémoire, & troubloit son repos. Si l'intérêt de son Epouse & celui de son propre bonheur lui avoit fait négliger le mien, dans un tems où il étoit en effet aussi à plaindre que moi, il revint naturellement à sentir que j'étois son frere, & que j'avois quelque droit à son secours. Ayant communiqué à Gelin la résolution où il étoit de me chercher, ou du moins d'aller jusqu'à l'Isle de Cube pour s'informer de ce que j'étois devenu, il l'engagea à se faire le compagnon de son voyage. Il pria Johnston de se charger pendant son absence du soin de son Epouse & de sa fille, & montant sur le même Vaisseau dont il s'étoit servi si long-tems dans ses courses, il se rendit droit à la Jamaïque, & de là à la Havane.

Sa présence m'avoit pénétré de joye: son récit excita ma plus vive reconnoissance. Non seulement je retrouvois une personne de mon sang; moi qui étois accoutumée à me regarder comme une branche détachée & sans racine, qui ne tenoit à rien sur la terre, du moins par les liens de la nature: mais j'acquerois, sans m'y être attendu, ce que je désirois avec tant d'ardeur, & ce que je venois de chercher inutilement à Serrane, un ami, un compagnon de fortune, un témoin de ma conduite & de mes sentimens, un confident de mes plaisirs & de mes peines. Je lui marquai toute la satisfaction que ces deux pensées devoient m'inspirer. Vous ne me quitterez plus, lui dis-je en le serrant tendrement, ou si quelque nécessité vous appelle ailleurs, vous souffrirez que je vous y accompagne. Vous êtes mon frere; mais je sens que vous m'allez être encore quelque chose de plus précieux & de plus tendre; vous serez mon cher & fidele ami. La fortune me traitera comme il lui plaira; mais elle n'a rien que j'appréhende, si elle me laisse à présent tout ce que je possede. En effet, mon cœur étoit si content & mon imagination si agréablement remplie, que je dois compter ce moment pour un des plus tranquiles & des plus heureux de ma vie. En un instant d'attention, je réunis dans le même point de vûe toutes les circonstances de mon bonheur, & je m'attachai avec complaisance à les considérer. J'avois mon aimable frere dans mes bras, j'allois me retrouver dans ceux de mon Epouse; les souvenirs les plus affligeans du passé ne pouvoient tenir contre l'émotion d'un plaisir si vif & si présent. Il n'y manquoit que d'avoir ma belle-sœur à la Havane ; non seulement pour la satisfaction que j'attendois de sa présence ; mais parce que je prévoyois que mon frere s'ennuyeroit bien-tôt de vivre sans elle, & qu'il se hâteroit de nous quitter pour retourner à Ste Helene. Cette réflexion me porta à lui proposer de faire partir sur le champ quelque personne de confiance, sur le Vaisseau qui m'avoit apporté. Il n'eut pas de peine à se laisser persuader de changer de demeure, & de s'établir avec nous à la Havane, mais je ne pus l'engager à se reposer sur un autre du soin d'y amener son Epouse. Il me témoigna qu'il étoit absolument résolu de se remettre en Mer quelques jours après, & d'aller chercher lui-même sa famille à Ste. Helene.

Fanny avoit été charmée de le voir. Elle le fut encore plus de l'espérance d'avoir bien-tôt ma belle-sœur auprès d'elle. Cependant, je formai un dessein qui l'affligea. Ce fut d'accompagner Bridge dans ſon voyage. L'habitude où j'étois de voyager & de traverſer les Mers, me faiſoit compter la diſtance des lieux pour rien. Mon Epouſe étoit en ſureté à la Havane. Quelques mois d'abſence ne pouvoient ſervir qu'à nous faire trouver de nouvelles douceurs à nous revoir. Faits comme nous ſommes, nous avons beſoin quelquefois de ce préſervatif contre le refroidiſſement de l'amour. J'avois fait cette réflexion pluſieurs fois. Le fond des ſentimens ne s'éteint jamais dans un cœur naturellement tendre & conſtant; mais la familiarité avec ce qu'on aime,& l'habitude continuelle de ſe voir, fait perdre tôt ou tard à l'amour quelque choſe de ſa vivacité. Un peu d'art l'empêche de s'endormir; & ce ſecours, qu'un homme qui penſe peut tirer de ſon eſprit pour nourrir ſes ſentimens, le rend plus capable que le commun des hommes d'un peu d'expérience dans ce raiſonnement, elle ne m'étoit pas venue de la moindre diminution de ma tendreſſe pour Fanny: mais j'avois remarqué que ces petits ménagemens, que j'appelle art dans un Amant qui raiſonne, avoient ſervi plus d'une fois à redoubler ſon ardeur & la mienne; & je concluois que ce qui pouvoit causer quelque augmentation dans une passion telle que la nôtre, devoit être capable à plus forte raison de l'empêcher de s'affoiblir.

Il m'arrivoit souvent, par exemple, de passer la plus grande partie du jour au milieu de mes livres, & de n'admettre personne dans cette solitude. L'image de Fanny me revenoit alors cent fois. J'aurois souhaité d'être auprès d'elle. Il me manquoit quelque chose, pour être dans une situation tranquille. J'obtenois sur moi néanmoins de me faire cette violence. Mais lorsque j'avois rempli le tems que je m'étois proposé de passer à l'étude, je retournois à elle avec tous les empressemens de l'amour, & je trouvois un goût plus délicieux que jamais à la caresser & à l'entretenir. Elle ne me cachoit point qu'elle éprouvoit la même chose: j'appercevois moi-même ce renouvellement. Elle se plaignoit avec une grace charmante, de la dureté que j'avois de m'éloigner d'elle, pour m'ensevelir dans mon Cabinet. L'ennui qu'elle sentoit hors de ma présence, lui fit desirer d'être avec moi dans les tems mêmes que j'étois résolu d'employer toujours aux occupations de l'esprit. Je ferai dans votre chambre, me dit-elle, je ne vous causerai pas le moindre trouble; j'y ferai tranquille, occupée à lire un bon livre, ou à faire quelque petit ouvrage de main. J'y consentis. Mais je m'apperçus bien-tôt que sa présence n'étoit point compatible avec l'application que demande l'étude. Au moindre mouvement qu'elle faisoit, mes yeux se tournoient comme naturellement vers elle. Elle demeuroit sans parler; mais un regard, un sourire me causoit plus de dérangement & de distraction, que n'auroit fait le bruit d'une Compagnie nombreuse. Quelquefois je n'étois pas le maître de demeurer assis sur ma chaise, & d'arrêter le mouvement qui me portoit à m'aller placer auprès de la sienne. Elle en paroissoit pénétrée de joye, & elle me reprochoit en riant cet excès de foiblesse, qui deshonoroit, disoit-elle, la Philosophie. Le reste du tems se passoit ensuite en tendresses & en badinage.

Dans le fond, je ne pus réfléchir sérieusement sur ce mêlange bizarre d'occupations graves & badines, sans en ressentir quelque honte. L'objet de mes études étoit si sérieux qu'il méritoit d'être respecté, même par l'amour. Je priai instamment Fanny de demeurer désormais dans son appartement, & de me laisser suivre mon premier ordre de conduite. Elle ne me l'accorda qu'avec peine. Son dédommagement fut de venir de tems en tems dans mon Cabinet, où elle me promettoit en entrant de ne demeurer qu'un instant. Mais elle s'y oublioit des heures entieres, soit à s'amuser autour de moi avec mes papiers & mes livres. Enfin j'eus assez de force pour lui dire un jour, que je voulois absolument être tranquille, & qu'elle me chagrinoit de me troubler si souvent. Je ne sçai si mon air fut assez sérieux pour lui faire croire que j'étois effectivement mal satisfait; mais ayant continué ma lecture sans lui parler davantage, elle sortit de ma chambre en silence, pour se retirer dans la sienne. Je ne fis attention qu'un moment après, à la maniere dont elle étoit sortie. J'en eus de l'inquiétude; & la connoissant extrêmement sensible, je me hâtai d'aller chez elle pour adoucir ce qu'il y avoit eu de trop dur dans mon expression. Je la trouvai assise, la tête appuyée sur sa main, & les yeux tout en pleurs. Elle s'efforça de prendre une autre contenance en m'apperçevant; mais lorsque je lui eus expliqué que c'étoit la crainte de l'avoir offensée qui m'amenoit, elle ne pût arrêter ses larmes qui recommencerent à couler avec abondance. Je la pressai de m'apprendre ce qui pouvoit l'émouvoir jusqu'à ce point. Ce ne fut qu'après de longues instances qu'elle ouvrit la bouche en baissant les yeux, pour se plaindre de ce que j'étois tout-à-fait changé pour elle, & de ce que je l'aimois si peu, que je trouvois plus de plaisir dans un livre que dans sa présence & son entretien. Elle ajouta, qu'elle ne reconnoissoit que trop, qu'en perdant son Pere elle avoit perdu le principal lien qui m'attachoit à elle & que si je la traitois avec cette dureté, je la rendrois la plus malheureuse de toutes les femmes.

Quoique je ne me sentisse point assez coupable pour mériter des reproches si amers, je n'examinai point s'ils étoient justes, & je m'efforçai de la consoler par les plus tendres assurances d'amour & de fidelité. Nous fimes la paix. Loin de lui sçavoir mauvais gré de cette querelle,

&

& d'en prendre ſujet d'eſtimer moins ſon caractere, je l'expliquai comme l'effet d'une extrême délicateſſe de ſentimens, qui ne devoit ſervir qu'à me la rendre plus chere, & à me la faire trouver plus aimable. Je m'accuſai même d'avôir mal conçû juſqu'alors un des principaux devoirs de la Vertu & de la Sageſſe. Le but de mes études devoit être, non ſeulement de travailler à mon bonheur & à ma perfection, mais de me rendre utile, autant qu'il m'étoit poſſible, au bonheur des autres; car ces deux obligations touchent preſque également un homme raiſonnable & vertueux, qui ſent qu'il eſt fait pour la ſocieté, & qui ſe doit par conſéquent aux autres preſqu'autant qu'à lui-même. Or quel étrange fruit me propoſois-je dans mes études, ſi l'application même que j'y apportois, produiſoit un effet tout oppoſé à celui que la raiſon devoit me faire deſirer? J'étudie, diſois-je, pour me former à l'humanité, à la douceur, à la complaiſance; & le travail par lequel je crois tendre à ce but, m'en écarte lui-même, & me fait commettre ce qu'il doit ſervir à me faire éviter. Il choque mon Epouſe; il me rend distrait, farouche, dur & même grossier, puisque j'ai été capable de la traiter si brusquement qu'elle en est touchée jusqu'aux larmes. Je ne suis donc point dans la voye qui conduit à la Sagesse & à la Vertu ; ou plutôt, j'y suis, mais j'y marche mal. Je ressemble à un homme qui chercheroit à plaire, & qui faute d'art & de ménagemens dans ses soins & ses services, ne réussiroit qu'à les rendre importuns : il parviendroit ainsi à se faire haïr par les moyens qui servent à faire aimer.

Mais, indépendamment de ce motif, qui n'étoit tiré que des idées de l'Ordre, & qui n'agissoit, si j'ose ainsi parler, que sur ma raison, je n'avois qu'à suivre le mouvement de mon cœur, pour me porter à tout ce qui pouvoit plaire à ma chere Epouse. Je réglai mes études, & la durée de ma solitude, de concert avec elle : j'y mis les bornes qu'elle desira ; & une des principales conditions ausquelles il fallut consentir, fut qu'elle auroit la liberté d'entrer à toutes les heures dans mon Cabinet, & de me faire mêler un peu d'amour dans mes occupations les plus sérieuses. Elle en abusa ; car telle étoit encore la force de sa passion, qu'elle ne pouvoit être contente un moment loin de moi. Je ne cacherai point que ma foiblesse étoit égale pour elle. Je ne l'avois jamais vûe si charmante. On a dû comprendre que les premieres années de notre mariage elle étoit dans l'âge le plus proche de l'enfance ; ses charmes étoient encore naissans. Mais elle entroit alors dans cette fleur de jeunesse, où il ne manque rien à la perfection de la beauté. Ajoutez, que les fatigues qu'elle avoit essuyées en Amerique l'avoient extrêmement changée, & que le repos où elle vivoit à la Havane lui rendoit un air d'embonpoint qui relevoit toutes ses graces. Je l'aimois donc avec plus d'ardeur que jamais. Chere Fanny ! Helas, je l'aimois plus que moi-même. Pourquoi rougirois-je d'une passion si juste, & autorisée de toutes façons par le devoir ? Et comment réussirois-je d'ailleurs à exprimer bien-tôt l'excès de mon infortune, si je ne confessois ici celui de mon amour ?

Cependant, comme je veillois toujours assez sur moi-même pour conserver de la moderation dans mes desirs, je ne me livrois pas aux ſentimens de ma tendreſſe préſente avec ſi peu de meſures, que je ne portaſſe ſouvent mes réflexions ſur l'avenir. Le cœur de Fanny étoit tel que je le deſirois, il faloit, pour le bonheur du mien, qu'il le fût toujours. C'étoit dans cette vûe que je méditois ſouvent ſur la nature de nos inclinations & de nos attachemens, & que mettant mon propre cœur à toutes les épreuves, je tâchois de démêler ce qui étoit capable d'affoiblir ou d'augmenter ſes ſentimens. Je ne faiſois point de découverte, que je ne vérifiaſſe auſſi-tôt par l'expérience. Sans avertir Fanny de mon deſſein, j'eſſayois ſur elle, en quelque ſorte, l'efficacité de mes remedes : ſemblable à un Medecin qui feroit ſon étude continuelle de la ſanté d'une perſonne qu'il aime, & qui ſans attendre le tems de la maladie, s'attacheroit à pénétrer le fond de ſon temperament, à découvrir de quel côté il peut s'altérer, à lui préparer les potions les plus ſalutaires, & à lui en préſenter quelquefois un leger eſſai ; ſoit pour s'aſſurer ſeulement de l'effet qu'elles peuvent produire au beſoin, ſoit dans l'eſperance qu'elles préviendront la naiſſance du mal , ce qui eſt encore mieux que de les reſerver pour le guérir. J'employois ainſi toute mon attention & mon adreſſe à chercher ce qui pouvoit fixer l'amour dans le cœur de Fanny. De petites abſences ménagées avec art, m'avoient déja paru d'un ſecours admirable. J'en avois éprouvé plus d'une fois l'effet, même avant mon voyage de Serrane & l'arrivée de mon Frere. Quoiqu'il ne m'en coutât gueres moins qu'à mon Epouſe pour me réſoudre à ces ſéparations volontaires, j'étois déterminé par la raiſon, & ſoutenu par l'eſpoir d'un redoublement d'amour & de plaiſir, ſur lequel je comptois à mon retour.

Je perſiſtai donc dans la réſolution de partir avec Bridge & Gelin pour ſainte Helene. Ils paſſerent environ ſix ſemaines à la Havane, au bout deſquelles nous montâmes ſur le Vaiſſeau qui leur appartenoit. J'avois eu ſoin de le faire mettre en ſi bon état, qu'il n'y en avoit point qui valût mieux dans le Port. Sur la route nous relâchâmes à la Jamaïque, uniquement pour apprendre quelque nouvelle de l'Europe. Il y étoit arrivé tout récemment un Vaiſſeau parti de

Londres. Je parlai au Capitaine. S'il ne m'apprit rien de fort intéressant touchant l'Angleterre, il m'entretint du sujet de son voyage, & en m'apprenant qu'il devoit faire voile au premier jour à la Virginie, il me fit naître un dessein que je dois regarder comme l'époque du plus horrible de tous mes malheurs. Je ne manquai point de m'informer d'abord s'il iroit jusqu'à Powhatan. Il me dit que c'étoit le terme de sa route. Je le priai instamment de demander des nouvelles d'une Dame Françoise, nommée Madame Lallin ; & s'il la trouvoit dans cette Ville, de lui dire que je faisois ma demeure dans l'Isle de Cube, chez le Gouverneur de la Havane, & que je l'invitois à profiter de la premiere occasion qui s'offriroit pour m'y venir joindre. Non seulement il se chargea volontiers de cette commission ; mais il ajoûta, qu'il pourroit lui-même rendre service à cette Dame, en la transportant où je souhaitois de la voir. Son Vaisseau étoit marchand. Il s'étoit défait à la Jamaïque d'une partie de sa Cargaison, & les marchandises qu'il apportoit d'Europe n'étant que pour l'usage de notre Nation, il se proposoit de vendre le reste dans nos Colonies du Nord. De là son dessein étoit de revenir, chargé des denrées du Païs, dans le Golfe du Mexique, pour les débiter aux Espagnols; & de prendre d'eux de nouvelles marchandises qu'il devoit porter en Europe. Cet arrangement étoit si favorable pour Madame Lallin, que je ne doutai point qu'elle ne pût être à la Havane, même avant mon retour de sainte Helene. En refléchissant sur les facilités de son voyage, il me vint à l'esprit d'accompagner moi-même le Capitaine jusqu'à Powhatan. Je devois assez de reconnoissance à Madame Lallin, pour lui faire cette civilité. Bridge & Gelin ne pouvoient s'offenser que je les abandonnasse pour remplir un devoir si juste. Ma compagnie ne leur étoit d'aucun secours, & notre séparation ne changeoit rien à la promesse qu'ils m'avoient faite de revenir à la Havane. Je leur proposai mon dessein. Ils le trouverent juste, & ils ne marquerent point d'autre peine en me quittant, que celle qu'ils alloient sentir de mon absence. Enfin, que dirai-je pour justifier ce funeste voyage? Si tous les évenemens ſont conduits par la Providence, deſorte qu'il n'arrive rien que par ſa direction & par ſon ordre, dois-je donner à mon entrepriſe une autre cauſe que ſa volonté ; & ne dois-je point reconnoître qu'il n'y avoit ni réfléxions ni prudence qui puſſent me faire éviter ce qu'elle avoit réſolu ?

Je quittai mes Amis, après être convenu avec eux du tems auquel ils tâcheroient de me rejoindre. Je comptois que mon retour ſeroit infailliblement plus promt que le leur. Je me mis en mer avec joye, me faiſant un plaiſir extrême de la ſurpriſe agréable que j'allois cauſer à Madame Lallin. Mes aveugles deſirs tendoient ainſi à ma perte, car je ne faiſois plus un pas qui ne m'approchât du précipice. J'allois moi-même allumer le feu qui devoit me conſumer, & cauſer avec ma ruine celle de mon Epouſe, de mes Amis, & de tout ce qui m'étoit cher. Que je devrois haïr Madame Lallin ! Horrible Furie, dont je devrois déteſter juſqu'au ſouvenir ! C'eſt elle qui m'a perdu. Sans elle, ne ſerois-je pas heureux ? Ma fortune n'avoit-elle pas repris une face riante & tranquille ?

Avois-je quelqu'autre raiſon de craindre qu'elle pût changer ? Helas ! j'étois ſi ſatisfait de ma condition, que je commençois à perdre le ſouvenir de mes infortunes paſſées ; je ne les voyois déja plus que dans l'éloignement ; lorſqu'un tiſon fatal de haine & de diſcorde vint rallumer des flammes preſqu'éteintes, rouvrir dans mon ame les ſources de la douleur, & joindre à mes anciennes bleſſures des coups ſi terribles & ſi imprévûs, qu'ils ont mis dans le même danger, mon honneur, ma vie & ma raiſon. Cependant, en accuſant cette Dame de tous mes maux, je dois confeſſer qu'elle n'en fut qu'innocemment la cauſe. En quelqu'endroit du Monde que ſon deſeſpoir & ſon mauvais ſort l'ayent conduite, je lui dois cette juſtice. Elle étoit bonne, douce, obligeante, attachée à ma famille, amie de la paix, & incapable de contribuer volontairement aux malheurs qu'elle m'a cauſés. Elle m'a perdu ſans le vouloir. Mais ſon innocence ne met point de changement dans ma miſere !

Le vent n'ayant pas ceſſé de nous être favorable juſqu'à l'entrée de la Riviere de Powhatan, nous arrivâmes heureusement dans cette Ville. J'appris du premier venu que Madame Lallin y étoit toujours, & qu'elle y avoit vêcu jusqu'alors fort honorablement. Je me fis conduire sur le champ à sa maison. Mon arrivée lui causa une des plus grandes joyes qu'elle eût jamais ressenties. Je ne lui en marquai pas moins de la revoir, & j'augmentai beaucoup sa satisfaction, en l'assurant que c'étoit uniquement pour l'amour d'elle que j'avois entrepris le voyage. Elle accepta avec empressement l'asile que je lui offris dans l'Isle de Cube auprès de mon Epouse; & elle me pria de la regarder, après Fanny, comme la personne du monde qui auroit toujours le plus d'affection pour moi, & qui tâcheroit le plus sincerement de se conserver la mienne. Elle me fit un long récit de ses avantures, qui étoient assez touchantes pour interesser beaucoup ma compassion. Le Capitaine Will avoit mis le comble à sa perfidie, en l'obligeant à l'épouser; ou plûtôt en lui faisant recevoir malgré elle, du Ministre de son Vaisseau, une bénédiction vaine & sans effet, puisqu'elle étoit forcée, & que ni caresses, ni menaces n'avoient pû engager cette malheureuse Dame à y consentir. Lui-même n'avoit jamais eu dessein de regarder cet engagement comme un mariage légitime. Il avoit voulu ménager sa réputation, en donnant un voile honnête à son infamie, & prévenir non seulement la honte, mais le châtiment même qu'il pouvoit craindre pour une action de cette violence, lorsqu'il seroit de retour en Angleterre. Etant le Maître absolu dans son Vaisseau, il avoit fait subir ensuite à Madame Lallin toutes les loix que sa passion l'avoit porté à lui imposer. Il l'avoit conduite à la Jamaïque, & dans la Virginie ; & s'il l'avoit toujours traitée honnêtement, ç'avoit été moins sur le pied d'une Epouse, que d'une Maîtresse dont il croyoit s'être acquis le pouvoir de disposer. Pour elle, qui gémissoit sans cesse de l'esclavage où elle étoit retenue, il ne s'étoit pas présenté d'occasion de fuir, dont elle n'eût tâché de profiter ; mais ses efforts avoient été inutiles, tant que le Capitaine avoit eû assez d'amour pour veiller sur elle avec une continuelle attention. Enfin lorsqu'il commença à se refroidir, & que penſant à retourner en Europe, il ſouhaita peut-être d'être défait d'elle & de la laiſſer en Amerique, elle s'apperçut qu'elle étoit moins obſervée. Will étoit alors revenu à la Jamaïque, où il devoit laiſſer une partie de ſes Troupes. Il lui avoit accordé la liberté de ſortir du Vaiſſeau, pour prendre quelques jours de repos à Port-Royal. Elle fit la confidence de ſes peines à un honnête homme, qui lui promit de faciliter ſa fuite, & qui trouva en effet le moïen de la faire embarquer ſecrettement dans un Vaiſſeau qui partoit pour *Lucayoneque*. Ce ne fut qu'après diverſes avantures, & un nombre infini de peines qu'elle gagna la Virginie, où elle eſperoit de trouver Mylord Axminſter, & moi peut-être avec lui. Ayant conſervé les ſommes d'argent qu'elle avoit apportées de France, il ne lui manqua rien pour mener une vie douce à Powhatan, & elle s'y mit en ſi bonne réputation par ſon honnêteté & ſa ſageſſe, qu'elle inſpira aſſez d'eſtime pour elle à quelques Anglois des plus conſiderables de cette Ville, pour leur faire naître l'envie de l'épouſer.

Elle fut ſi ſatisfaite de ce que j'avois

entrepris pour elle, & de l'esperance que je lui donnois de vivre tranquillement dans ma famille, où elle se promettoit beaucoup de douceur dans la compagnie de mon Epouse, qu'elle marqua une impatience extrême de quitter Powhatan. Les affaires du Capitaine ne nous arrêterent pas plus de quinze jours. Nous partîmes avec un bon vent. J'eus le plaisir, en quittant cette Ville, de voir tout ce qu'il y avoit d'honnêtes gens marquer à ma Compagne le regret qu'ils avoient de son départ, & la combler des témoignages de leur estime.

Sur la route, je trouvai dans les entretiens continuels que j'eus avec elle, que son esprit & son cœur n'avoient rien perdu par l'infortune. Il me parut au contraire que ses chagrins avoient fortifié sa raison, & je l'en estimai davantage, d'avoir sçû tirer un si excellent fruit de l'adversité. Elle pensoit juste, elle s'exprimoit avec grace, & tout ce qu'elle disoit avoit quelque chose de réflechi, qui flattoit extrêmement le penchant que j'avois moi-même à méditer. Je ne lui cachai point la satisfaction que j'avois de la trouver dans un si bon goût. Je gagne bien plus que vous, lui dis-je, à vous avoir rencontrée. Vous allez servir au bonheur de ma vie. Ce que j'ai cru vous devoir par reconnoissance, je vais le faire à présent par un motif d'interêt & de propre utilité. Votre conversation sera pour moi une espece charmante d'étude, dont je suis sûr de recueillir plus de fruit que de mes livres. Je lui appris là-dessus que j'attendois à la Havane mon frere Bridge, dont le caractere avoit beaucoup de ressemblance avec le nôtre. Quelle douceur, continuai-je, ne trouverons-nous pas dans la maniere dont nous allons vivre? Notre vie sera toute composée de Raison. Nous en passerons une partie à lire, une autre à nous communiquer nos réflexions. Mon Epouse elle-même n'est point incapable d'entrer dans ce projet. Il ne nous manquera rien pour être heureux; car, ajoûtai-je, il n'y a plus d'apparence que nous ayons rien à démêler desormais avec la fortune. Notre condition est fixée. Je ne vois plus par quel endroit nous pourrions apprehender ses coups. Tel étoit mon aveuglement sur le plus grand péril dont j'eusse jamais été menacé. J'y touchois, sans le moindre pressentiment qui pût m'en avertir ; & tout servit à me confirmer long-tems dans la plus malheureuse de toutes les erreurs.

Nous arrivâmes à la Havane, quelques ordres que j'eus à donner pour le service du Capitaine qui nous avoit amenés, m'ayant retenu long-tems dans le Port, le bruit de mon retour fut si prompt à se répandre, que mon Epouse en fut assez-tôt informée pour venir au-devant de moi avec Dom Pedro d'Arpez. Je fus surpris de voir paroître le Carosse du Gouverneur, & me doutant qu'il y étoit avec Fanny, j'offris la main à Madame Lallin pour nous avancer ensemble. Fanny la prit d'abord pour ma Belle-sœur, avec laquelle elle s'imaginoit que j'arrivois de Sainte Helene. Mais je m'expliquai aussi-tôt, & je lui appris que c'étoit cette même Dame qui m'avoit écrit chez les Abaquis, qui étoit partie de France avec moi, qui m'avoit donné dans mille occasions des marques d'amitié & de générosité ; enfin que c'étoit Madame Lallin, & que je la lui offrois comme une Amie & une Compagne, dont elle goûteroit bien-tôt l'esprit & le mérite. Je continuai à lui raconter en peu de mots par quel hazard j'avois eû l'occasion d'aller moi-même à Powhatan, pour offrir à cette Dame une retraite auprès de nous, suivant le projet qui l'avoit amené en Amerique. C'est une autre Madame Riding, ajoûtai-je, que je vous présente, & que je vous prie de recevoir avec amitié.

Si l'on se rappelle tout ce que j'ai rapporté dans plus d'une occasion du caractere de Fanny & de cette délicatesse inquiéte qui la portoit naturellement à la jalousie, on entrera sans peine dans le sens de tout ce qui me reste à raconter. Qu'on se souvienne de cette profonde tristesse dans laquelle elle s'étoit comme obstinée chez les Abaquis; de ces allarmes qu'elle n'avoit pû cacher, même dans les premiers jours de notre engagement; de ses distractions, de ses pleurs mêmes & de ses soupirs: & quiconque lira cette funeste partie de mon Histoire, sera bien mieux instruit de la cause de mon malheur, que je ne l'étois moi-même au tems qu'il m'est arrivé. Qui le comprendroit, sans cette clef? Mais après le soin que j'ai pris de préparer de si loin

mes

mes Lecteurs à ce récit, ils ne trouveront rien d'obſcur dans les ténébres où ils me verront marcher. Ils joüiront clairement du ſpectacle de mes peines. Helas! que n'avois-je alors pour les éviter les lumieres que je donne ici pour les faire entendre !

Eloigné comme j'étois de toute ombre de défiance, je n'obſervai pas même de quel air mon Epouſe écoutoit mon diſcours ; je n'étois occupé que du plaiſir de la revoir & de lui procurer une Amie. Cependant ſi j'y euſſe fait réflexion dès ce premier moment, j'aurois pû découvrir, comme je l'ai ſçu trop certainement dans la ſuite, quelque altération ſur ſon viſage, & beaucoup de contrainte dans ſes manieres. L'opinion qu'elle avoit priſe de mes ſentimens pour Madame Lallin, depuis qu'elle avoit ſçû que cette Dame avoit quitté ſon Païs pour m'accompagner juſqu'en Amerique, & la confirmation qu'elle croyoit en avoir eûe, dans le ſoin avec lequel je lui avois caché long-tems cette circonſtance de mon voyage, ces deux raiſons, dis-je, euſſent ſuffi ſeules pour lui rendre Madame Lallin odieuſe, & ſa préſence désagréable. Lorsqu'elle vit non seulement que c'étoit moi-même qui souhaitois de l'avoir avec nous, mais que je m'étois donné la fatigue de faire exprès le voyage de Virginie pour l'amener à la Havane, & pour lui offrir une retraite auprès de moi, elle se crut trop assurée qu'il entroit de la passion dans une civilité si excessive, & que je l'avois par conséquent trompée elle-même dès le commencement de notre mariage, ou abandonnée dans le cœur depuis que j'avois retrouvé sa Rivale. Quels progrès cette pensée ne fit-elle pas tout-d'un-coup dans un caractere tel que celui de mon Epouse ? tendre au-delà de mes expressions, timide & facile à s'allarmer, toujours pleine de la crainte de n'être pas assez aimée ; possedée avec cela d'une mélancolie douce qui lui faisoit chercher la solitude, pour s'y livrer à la rêverie dans tous les momens qu'elle ne passoit pas avec moi. Helas ! l'instant de mon arrivée fut le dernier de son repos. Cette chere Epouse n'eut plus que des joyes feintes, qu'elle eut la constance d'affecter pour sauver les apparences ; & sa disposition habituelle fut la douleur, avec tous les triſtes effets qui l'accompagnent.

Je m'apperçus ſi peu de ce changement, que je me crus au contraire dans une des plus agréables circonſtances de ma vie. Il ne me manquoit que mon Frere & ſon Angelique, pour me perſuader abſolument que je n'avois plus rien à deſirer. Je témoignai ces ſentimens à mon Epouſe. Elle y répondit avec ſa tendreſſe ordinaire. Je l'excitai à marquer de l'amitié à Madame Lallin, & cette Dame m'ayant paru tout-à-fait revenue de la foibleſſe qu'elle avoit eûe longtems pour moi, je ne fis pas difficulté dans toutes les occaſions de lui prodiguer mille careſſes innocentes, qu'elle recevoit comme autant de marques de la ſincere affection que j'avois pour elle. Fanny ſe faiſoit aſſez de violence, pour lui donner de tems en tems quelques démonſtrations extérieures de ſon eſtime. Mais il eſt facile de juger qu'elles n'étoient pas ſinceres. Elle ſouffroit mortellement, lorſqu'il lui arrivoit d'être témoin des miennes. C'étoit un ſupplice pour elle, que de me voir entretenir quelquefois ſon Ennemie en particulier, ou faire avec elle un tour de promenade dans le Jardin du Gouverneur. Elle venoit ſouvent nous interrompre, & quoiqu'elle tâchât de prendre alors un viſage riant, j'ai fait réflexion dans la ſuite qu'il m'eût été aiſé d'y remarquer de l'agitation, ſi je n'euſſe été accoutumé à regarder ſes petites inégalités comme un effet ordinaire de ſa mélancolie.

Deux mois ſe paſſerent, ſans qu'il lui fût encore rien échappé qui pût me faire connoître ſon trouble, & me cauſer de l'inquiétude. L'arrivée de mon Frere avec ſon Epouſe & Gelin devint bientôt pour elle & pour moi une nouvelle ſource de maux irréparables. Dom Pedro qui étoit attentif à prévenir tous nos deſirs, jugea, par la ſatisfaction que nous eumes de les voir arriver, qu'il ne pouvoit nous obliger davantage qu'en leur offrant ſa maiſon pour demeure. Je les fis conſentir par mes inſtances à l'accepter. Bridge aimoit inſéparablement Gelin : ainſi c'étoit les retenir tous deux, que d'en engager un. Il y avoit d'autant moins de difficulté, que la maiſon, ou plûtôt le Palais du Gouverneur étoit d'une ſi vaſte étendue, que nous pouvions y occuper chacun notre appartement, ſans y cauſer le moindre trouble. Nous nous trouvâmes donc tous logés ſous le même toit.

Lorſque nous fumes un peu revenus du premier mouvement, qu'inſpire la joye de revoir des perſonnes qu'on aime, chacun penſa à ſe faire des occupations de ſon goût, pour remplir les momens que nous ne pouvions pas toujours paſſer enſemble. Mon choix étoit fait ; c'étoit l'étude. Bridge, qui n'y étoit pas moins porté que moi par inclination, prit le même parti. Madame Lallin ſe détermina auſſi à demeurer une partie du jour occupée de quelque lecture ; & comme j'avois formé dans mon Cabinet une Bibliotheque de tout ce que j'avois pû découvrir de bons livres à la Havane, elle s'accoûtuma à venir ſouvent m'y trouver, ſoit pour choiſir ceux qu'elle jugeoit les plus agréables, ſoit pour ſe procurer avec moi quelques momens de converſation. J'avois compté que mon Epouſe choiſiroit auſſi ce genre ſérieux d'amuſement, pour lequel elle avoit toujours eu du goût. Cependant elle déclara ouvertement que ſon deſſein étoit de tenir sans cesse compagnie à ma Belle-sœur, pour s'occuper avec elle de quelque ouvrage de main. Ce fut son desespoir secret, & son aversion pour Madame Lallin, qui lui fit prendre cette résolution ; sur-tout lorsqu'elle eût remarqué que cette Dame venoit souvent dans mon Cabinet. Pour elle il ne lui arriva plus d'y mettre le pied. Cette ancienne ardeur qu'elle marquoit pour me voir & pour m'entretenir, parut s'éteindre tout-à-fait. Si elle quittoit quelquefois ma Belle-sœur, c'étoit pour se retirer seule dans une Allée écartée du Jardin, & pour s'y livrer à toutes les agitations de son ame. Je ne pus manquer de faire quelques réflexions sur le changement de sa conduite ; mais quelle raison aurois-je eû de l'attribuer à une si cruelle cause, & comment l'aurois-je soupçonnée de se défier de mon cœur, lorsque je n'y sentois pour elle que les mouvemens les plus tendres de l'amour, & le témoignage assuré d'une constance immortelle ?

Gelin, qui n'avoit pas autrement d'inclination pour l'étude, s'attacha à la compagnie de ma Belle-sœur, & de Fanny. Dans les idées de politeſſe & de galanterie, qui ſont communes à tous les François, il auroit crû bleſſer l'honneur de ſa Nation, s'il eût abandonné ces deux Dames, lorſqu'il pouvoit les amuſer par ſon entretien. Sa vivacité, ſoutenue de beaucoup de facilité à s'exprimer, ne laiſſoit gueres de vuide dans la plus longue converſation; & je ſuis obligé, malgré le mal qu'il m'a fait, de confeſſer qu'il étoit d'un commerce agréable. Il paſſoit donc une partie du jour auprès de mon Epouſe & d'Angelique. Je veux croire qu'il n'eut point d'abord d'autre vûe que de ſatisfaire ſa politeſſe, ou tout au plus de ſe procurer un plaiſir plein d'innocence dans la compagnie de deux Dames infiniment aimables. Si je ne me trompe point dans cette opinion, je dois le plaindre: je connois la tyrannie des paſſions, & je ne puis me perſuader encore, même en déteſtant ſa mémoire, qu'il fut peut-être plus malheureux que coupable. Mais ſi c'eſt volontairement qu'il ſe jetta dans le crime, c'eſt de deſſein formé qu'il conjura ma perte, & ſur ces principes trop ordinaires aux François, qui leur font regarder une intrigue d'amour comme un badinage, se trouvera-t-il quelqu'un qui ne le haïsse point avec moi, comme un Monstre qui viola les droits les plus saints, & qui se rendit coupable des plus noirs de de tous les crimes?

Il devint amoureux de mon Epouse. Dans un caractere comme le sien, il n'y avoit point de passion qui pût être foible & moderée. On a vû dans la relation de son avanture de Sainte Helene, qu'il étoit adroit & fertile en inventions. Toute son étude s'attacha d'abord à connoître le fond du naturel de Fanny, pour attaquer sa vertu par l'endroit le plus foible. Il n'eut pas de peine à remarquer qu'elle étoit melancolique. Mais ses yeux perçans pénétrerent beaucoup plus loin. Il ne put la voir & l'observer continuellement, sans découvrir qu'elle étoit agitée de quelque passion violente. Il la suivit de si près, & il examina toutes ses démarches avec tant d'adresse & de perséverance, qu'il saisit enfin le secret de son cœur. Ce fut sur cette connoissance qu'il établit tout l'espoir de ses amoureux succès. J'entre ici dans un détail, dont on s'étonnera de me voir si parfaitement

tement informé. Mais demanderai-je trop à mes Lecteurs, si je les prie de suspendre leur jugement & leur attention?

Le cruel Gelin ne tarda gueres, après cette découverte, à mettre en usage tous les secours qu'il pût tirer de son esprit artificieux. Le premier dessein qu'il forma, fut de se servir de ses lumieres, pour s'insinuer dans la confidence de mon Epouse. Il prit l'occasion d'une promenade qu'elle faisoit seule au Jardin, pour avoir avec elle un entretien particulier. Là, après mille protestations de respect & de sincere estime, il lui fit entendre, non pas qu'il se fût apperçû de sa tristesse, mais qu'il avoit découvert quelque chose qui pourroit lui en causer beaucoup. Il lui fit même des excuses d'avoir differé peut-être trop long-tems à lui faire cette ouverture; & pressé qu'il en eût été, lui dit-il, par la reconnoissance dont il se croyoit redevable à notre famille, il avoit été retenu par la crainte d'y causer du trouble, ou du moins quelque refroidissement d'amitié. Mais le mal paroissant croître de jour en jour, & les conséquences n'en pouvant être que très-fâcheuſes, il ſe croyoit obligé de lui dire que Madame Lallin étoit paſſionnée pour moi, & qu'elle gardoit ſi peu de meſures, qu'elle en donnoit des marques ſcandaleuſes ; qu'elle étoit ſeule avec moi dans mon Cabinet, à toutes les heures du jour ; qu'il avoit entendu des choſes qu'il ne jugeoit point à propos de répéter ; qu'à la vérité il ignoroit abſolument ſi je répondois à cette paſſion ; mais que c'étoit cette raiſon même qui l'obligeoit à rompre le ſilence, afin que mon Epouſe pût remédier au mal, s'il étoit encore tems de l'arrêter.

Un diſcours ſi adroit eut tout l'effet que Gelin s'en étoit promis. La bonne & crédule Fanny n'y apperçut que l'avis d'un Ami fidele & deſintereſſé, qui s'accordoit parfaitement avec ſes propres idées, & qui confirmoit toutes les préventions de ſa jalouſie. Elle n'y répondit d'abord que par un ruiſſeau de larmes, & par des plaintes de ſa mauvaiſe fortune. Gelin affecta de la vouloir conſoler ; mais ce fut d'une maniere qui l'engagea à s'ouvrir davantage. Elle lui confia toutes ſes peines : elle lui confeſſa qu'elle n'avoit rien entendu de lui, dont elle ne fut bien instruite depuis longtems. Elle eut même l'imprudence de lui avoüer qu'elle se croyoit trahie de moi, & qu'elle étoit trop certaine que j'aimois Madame Lallin autant que j'en étois aimé. Rien ne pouvoit être plus favorable pour Gelin. Son but étoit de se rendre en quelque sorte necessaire à mon Epouse, sous le prétexte de la servir ou de la consoler. Il avoit remarqué qu'elle m'aimoit encore avec trop d'ardeur, pour qu'il osât se flatter que son cœur fût une conquête aisée; mais il espera que dans la relation étroite qu'il se promettoit d'avoir avec elle, il trouveroit par degrés le moyen de l'attendrir. Les ouvertures de cœur, les communications de sentimens, l'air mysterieux de confiance, sont autant de symptômes qui appartiennent à l'Amour, & qui ne manquent gueres d'en être la cause, quand ils n'en sont pas l'effet. Gelin parvint effectivement à une partie de ce qu'il prétendoit auprès de Fanny; & s'il n'obtint pas sa tendresse, il eut du moins le premier rang dans son estime & dans son amitié.

Ce ne fut plus entre elle & lui que

rendez-vous secrets, rapports, mysteres, signes particuliers d'intelligence. Il n'échappoit plus à Madame Lallin de me dire un mot, ni de me jetter un regard, qui ne fût interpreté dans le sens le plus malin. Gelin avoit l'œil sur nos moindres mouvemens. Il en tenoit un compte exact, qu'il ne manquoit point de rendre tous les jours à mon Epouse. S'il n'appercevoit rien qui fut susceptible d'un mauvais sens, sa malignité suppléoit au défaut de la matiere. Il portoit l'impudence jusqu'à se glisser dans mon appartement, & prêter l'oreille à la porte de mon Cabinet, pour recueillir quelque chose de mes entretiens avec Madame Lallin. Les expressions les plus innocentes de l'amitié & de la confiance prenoient dans sa bouche un tour corrompu & empoisonné. Cet indigne Confident achevoit ainsi de perdre de plus en plus ma malheureuse Epouse. Il est vrai que les fruits qu'il en tiroit n'étoient gueres favorables à sa passion. Il vouloit lui inspirer de l'amour, & il ne faisoit entrer dans son cœur que du trouble & de la tristesse. Trop certaine de son malheur, & comme accablée par les nouvelles confirmations qu'elle en recevoit de jour en jour, elle vivoit moins qu'elle ne languissoit dans un continuel desespoir. Elle n'avoit plus que deux occupations, mais toutes deux funestes & violentes; l'une de se livrer à la douleur, lorsqu'elle étoit seule, & qu'elle pouvoit éviter d'être observée; l'autre de faire des efforts infinis pour la cacher, lorsqu'elle étoit obligée de paroître en compagnie. Aussi sa santé ne put-elle résister long-tems contre des agitations de cette nature. Elle s'affoiblissoit à vûe d'œil. Sa couleur & son embonpoint diminuoient tous les jours. Le poison qu'elle avoit eû la force de tenir si long-tems renfermé, gagnoit peu à peu les dehors, & commençoit à corrompre son sang & ses forces, après avoir infecté toutes les facultés de son ame.

Je vivois pendant ce tems-là dans une confiance & une sécurité, qui rendoient mon malheur infiniment plus déplorable. Loin de former le moindre soupçon contraire à mon repos, s'il m'arrivoit de faire quelque réflexion sur le changement que j'appercevois dans la conduite de Fanny, c'étoit pour m'en réjoüir, comme d'une chose que j'avois souhaitée, & que je croyois d'un extrême avantage pour elle. Je m'imaginois qu'elle trouvoit dans la compagnie de ma Belle-sœur & de Gelin un amusement si agréable, qu'il triomphoit de sa mélancolie. Si ma tendresse y perdoit quelque chose, parce que je passois une partie du jour sans la voir, je trouvois de la douceur à penser qu'elle étoit tranquille & satisfaite. Je lui marquois même souvent la joye que j'en avois, & je remerciai plus d'une fois Gelin & Angelique d'avoir eû le secret de changer ainsi son humeur. C'étoit souffler sur les flammes, & attiser le feu qui la dévoroit ; car elle ne manquoit point d'expliquer ces marques de satisfaction comme une preuve manifeste de mon infidelité. J'étois charmé qu'elle me laissât libre avec Madame Lallin. Sa présence m'étoit devenue odieuse & importune. Tels étoient les tristes raisonnemens de son cœur malade, & de son esprit troublé. Nous ne laissions pas de nous voir plusieurs fois le jour, mais c'étoit en public. Le soir il arrivoit toujours que la nuit étoit fort avancée lorsqu'on se retiroit. J'attribuois sa pesanteur & son abattement au sommeil. Elle ne se refusoit point à mes caresses ; mais j'avois peine à tirer d'elle quelques paroles. Elle faisoit semblant de s'assoupir presque aussi-tôt. Je passois néanmoins la nuit délicieusement auprès d'elle ; heureux de cette seule pensée, que je regnois dans son cœur, & qu'il étoit aussi tranquille que le mien.

Cependant sa santé continuant à s'alterer tous les jours, il parut visiblement sur son visage qu'elle souffroit quelque douleur dont elle ne se plaignoit point. Je lui marquai de l'inquiétude. Elle confessa qu'elle se trouvoit mal, & elle en prit occasion de se faire préparer un lit different du mien. Allarmé de ses moindres maux, j'interrompis l'ordre de mes études, pour demeurer plus régulierement auprès d'elle. Je remarquai, en l'observant, qu'elle étoit agitée. Elle parloit peu. Ses yeux s'attachoient quelquefois languissamment sur moi, & malgré l'effort qu'elle faisoit pour se vaincre, il lui échappoit souvent des soupirs. Ma Belle-sœur me dit en confidence qu'elle croyoit s'être apperçûe que la source du mal étoit moins dans le corps, que dans le cœur & l'esprit, & qu'elle ne doutoit pas que Fanny n'eût quelque sujet considerable de chagrin. Je me ménageai un moment de solitude avec elle. Je la conjurai de s'expliquer, & de m'ouvrir son cœur, à moi qui étois son cher Epoux, qui l'adorois, qui ne pouvois vivre un instant tranquille, s'il manquoit quelque chose à son repos & à son bonheur. Elle me parut incertaine pendant quelques momens, comme si l'ardeur de mes expressions l'eût émûe, & qu'elle eût été prête à me communiquer le secret de ses peines. Helas ! j'en suis sûr, ce fatal secret vint jusqu'au bord de ses levres, & nous pouvions encore être heureux s'il en fût sorti tout-à-fait. Mais quelque reflexion funeste, qui étoit l'effet des malignes inspirations de Gelin, le fit rentrer dans des ténebres que mes yeux ne purent pénétrer. Elle me répondit, en soupirant, qu'elle n'étoit point toujours la maîtresse de son imagination ; que malgré elle les tragiques avantures de son Pere & de sa Mere lui revenoient souvent à l'esprit ; qu'elle ne pouvoit penser sans frémir aux cruels desastres qui avoient détruit sa famille ;

que n'ayant nulle raison d'esperer que le courroux du Ciel la ménageât davantage, elle s'attendoit à quelque fin funeste qui répondroit aux malheureux commencemens de sa vie. Elle ne put retenir ses larmes en finissant ces paroles ; & son cœur qui étoit serré de tristesse, se soulagea en poussant une infinité de soupirs.

Je me sentis si attendri de la voir dans cet état, que pour peu qu'elle eût conservé de liberté d'esprit & de raison, il eût été impossible que des marques si sinceres de ma tendresse & de ma douleur ne lui eussent point fait ouvrir les yeux sur son injustice & sur mon innocence. Je pris une de ses mains, que je serrai contre mon visage. O chere Fanny ! lui dis-je, avec un sentiment de cœur inexprimable ; ô charme tout-puissant de ma vie & de mes peines ! comment pouvez-vous vous affliger par des craintes si injustes, & par des souvenirs que vous devriez avoir effacés ? Le passé n'est point en notre pouvoir ; mais où voyez-vous dequoi trembler pour l'avenir ? Ne sommes-nous pas l'un à l'autre? Tout le pouvoir de la Nature empêchera-t-il que je ne vous adore, que vous ne m'aimiez, que vous ne ſoyez à moi pour toujours ? Et ſi cela eſt auſſi sûr qu'il doit vous le paroître, qu'y a-t-il à préſent dans la vie qui puiſſe être un malheur pour vous & pour moi ? Non, non, ajoûtai-je en l'embraſſant, ce n'eſt point ſentir le prix du bonheur dont on joüit, que d'être troublé continuellement par la crainte de le perdre. Votre cœur eſt trop inquiet. Je veux vous donner un moyen de le raſſurer ; c'eſt que la place de la crainte y ſoit toujours occupée par l'amour.

Comme je n'avois nul ſujet de me défier de ſa ſincerité, je pris la réponſe qu'elle m'avoit faite pour l'aveu de ſes véritables peines, & je ne penſai qu'à lui procurer des amuſemens qui puſſent écarter les penſées qui l'affligeoient. Je fis prier les Dames de la Havane de ſe rendre chez nous tous les jours après dîner, & de former dans ſa chambre des parties de jeu & de plaiſir. J'y aſſiſtois moi-même conſtamment. Soit par un effet de cette diſſipation, ſoit que ma préſence continuelle ſervît à la tranquilliſer, elle ſe rétablit en peu de tems, & nous reprimes nos exercices ordinaires. Je remarquai le zéle de Gelin à la servir pendant sa maladie ; mais il ne me vint pas même à l'esprit qu'il pût y entrer autre chose que de la générosité & de l'amitié.

Je fus obligé quelques mois après, pour faire plaisir au Gouverneur, de me charger de quelques affaires qu'il avoit à regler à la Vera-Crus. Ce voyage fut plus long & plus ennuyeux que pénible. Je trouvai à mon retour ma famille & mes amis dans une santé parfaite. Gelin étoit mieux que jamais avec Fanny, c'est-à-dire qu'il continuoit à l'empoisonner, par ses insinuations & ses conseils. Il ne manqua point de lui faire appercevoir qu'une absence de plusieurs mois n'avoit rien diminué de ma passion prétendue pour Madame Lallin. Si je n'avois à donner dans la suite des preuves claires & sans replique de la vertu inébranlable de mon Epouse, il paroîtroit incroyable qu'avec la confiance & l'affection qu'elle avoit pour Gelin, elle eût pû se défendre si long-tems contre ses séductions. Ce malheureux s'étoit rendu tellement maître de son esprit, qu'elle ne faisoit plus rien sans l'avoir consulté. Il n'étoit plus à lui faire l'aveu de sa passion ; mais il s'y étoit pris avec tant d'adresse, qu'elle n'avoit pû s'en offenser. Cependant la maniere dont elle avoit reçû sa déclaration, lui ayant ôté la hardiesse de la renouveller, & ce qu'il appercevoit tous les jours de son caractere, ayant presque achevé de lui faire perdre l'esperance, il s'étoit réduit à son premier dessein, qui étoit d'allumer de plus en plus sa jalousie ; sûr que que sa tendresse pour moi s'éteindroit tôt ou tard avec son estime, & qu'il lui deviendroit plus facile de s'insinuer dans son cœur, après m'en avoir chassé. Il affectoit donc d'éviter ce qui sentoit l'amour, & de lui marquer en tout une envie désinteressée de la servir. Elle, qui étoit la douceur même, & qui n'avoit jamais eû cette sorte d'expérience, qui apprend à son sexe à se défier du nôtre, ne croyoit rien risquer en accordant son estime & sa confiance à une personne qui lui témoignoit tant d'attachement. Elle avoit d'ailleurs entendu mon Frere se louer mille fois de la générosité de son Ami Gelin. Elle me voyoit moi-même le traiter avec amitié ; & pour lui rendre justice, il ne lui manquoit aucune des qualités qui forment dans l'opinion commune l'homme de mérite & l'homme aimable. Ciel ! comment puis-je parler avec cette modération, d'un cruel qui m'a précipité dans le dernier excès du desespoir & de la misere ?

Le tems de ma ruine approchoit. Dom Pedro d'Arpez, cassé de vieillesse, & se sentant proche de sa fin, fit un Testament, par lequel il me laissoit tout son bien. Il ne survécut pas long-tems à cette derniere disposition. Une maladie précipitée le mit au tombeau. Aussi-tôt que notre reconnoissance se fut acquittée, en lui rendant magnifiquement les derniers devoirs, je ne pensai plus qu'à recueillir son héritage, & à retourner en Europe. Mon dessein étoit d'équiper exprès un Vaisseau, pour être absolument le maître de ma route. Les biens que Dom Pedro m'avoit laissés étoient si considérables, que cette dépense me paroissoit légere, & dans la résolution où j'étois de me rendre droit en Angleterre avec mes richesses, ma famille & mes amis, je n'étois point d'avis de m'expoſer à la diſcretion d'un Capitaine Eſpagnol. Mon Frere avoit renvoyé à Sainte Helene le Vaiſſeau qui l'avoit apporté avec ſon Epouſe & Gelin : je pris donc le parti d'en acheter un qui avoit été conſtruit peu de tems avant la mort du Gouverneur, & je donnai des ordres ſi preſſans, qu'il fut préparé avec beaucoup de diligence. Mais comme nous nous diſpoſions à nous mettre en Mer, j'entendis un jour Bridge qui ſe plaignoit avec Gelin de la néceſſité où ils étoient, en retournant en Angleterre, de laiſſer après eux leur Ami Johnſton à Sainte Helene. J'aimois Bridge comme moi-même. Je lui fis un reproche de ne m'avoir pas fait connoître plûtôt qu'il prît aſſez d'interêt à Johnſton, pour ſouhaiter de l'avoir avec lui. Vous deviez l'amener, lui dis-je, lorſque vous vintes ici pour vous y établir avec moi. Tout ce qui vous eſt cher, ne ſçauroit manquer de me l'être beaucoup. Mais j'y ſçai un remede, ajoûtai-je ; c'eſt de prendre notre route par Sainte Helene. Le détour n'eſt pas infini ; & avec le plaiſir de rejoindre Johnſton & ſon Epouſe, qui ſera votre principal objet, vous aurez celui de nous faire voir cette belle Campagne où votre Angelique est née, & dont vous nous avez raconté tant de merveilles. Cette proposition causa une joye extrême à mon Frere. Nous ne tardâmes point à partir, & ce fut pour Ste. Helene que nous mîmes à la voile.

Notre route fut heureuse, mais nous ne l'achevâmes pas sans crainte. La Guerre étoit alors déclarée entre l'Angleterre & la Hollande. *Holms*, à la tête d'une Escadre Angloise, s'étoit emparé des Isles du Cap Verd, & de quelques Forts que les Hollandois ont sur les côtes de Guinée. J'avois été informé avant mon départ de la Havane, que les Etats de Hollande avoient envoyé tout récemment dans ces Mers leur Amiral *Ruiter*, avec une Flotte considerable ; & dans l'ardeur qui lui faisoit chercher à tirer vengeance des Anglois, il ne pouvoit être que très-dangereux pour moi de tomber entre ses mains. Ce n'est pas que nous dussions appréhender naturellement sa rencontre ; mais on sçait que sur Mer un coup de vent rapproche quelquefois tout d'un coup des Vaisseaux bien éloignés. Cette crainte m'ayant porté à prendre

Pavillon Eſpagnol, & à prier tous les Anglois qui étoient dans mon Vaiſſeau, de ne pas s'exprimer dans leur Langue s'il nous arrivoit malheureuſement de tomber dans la Flotte de Ruiter. Avec cette précaution, j'évitai un danger dont rien ne m'eût pû ſauver autrement; car nous rencontrâmes en effet Ruiter dans la Mer d'Ethiopie, & nous ne dûmes notre ſalut qu'aux apparences & au nom d'Eſpagnols.

Après m'être échapé ſi heureuſement d'un tel péril, ce n'étoit point dans le ſein de la paix & de la confiance, ni par la main d'un Ami, que je m'attendois de périr. J'avois eſſuyé dans toute ma vie des infortunes & des pertes, & je n'avois déja que trop bien acquis la qualité de malheureux: mais j'avois toujours eû du moins quelque raiſon de m'attendre à mes peines, j'avois eû quelque preſſentiment, qui les avoit précedées. D'ailleurs, en perdant quelque choſe de cher & de précieux, il m'étoit toujours reſté quelque choſe de plus cher encore, qui pouvoit ſervir à me conſoler par cette ſeule penſée, que le Ciel en m'ôtant le bien que je regretois, m'en avoit du moins laiſſé

laiſſé d'autres dont la perte m'eût rendu infiniment plus miſérable. Ici, ſans preſſentiment, ſans réflexion, & preſque ſans le moindre intervalle, la fortune en deux tours de roüe me précipite au fond de l'abîme. Elle m'y fixe ſans retour. Elle m'ôte l'eſpoir, le remede, les conſolations; enfin, elle me rend tel qu'on va voir, & qu'on aura peine à le croire.

Nous arrivons à ſainte Helene. Un Vaiſſeau François qui venoit des Indes, y entroit dans le Port au moment de notre arrivée. Nous abordons enſemble. Les premieres nouvelles dont mon Frere eſt informé, ſont la mort de Johnſton & celle de ſon Epouſe. Cette perte lui cauſant beaucoup de chagrin, je m'employai pendant quelques jours à le conſoler. Rien ne pouvoit nous arrêter à ſainte Helene, après que nous eûmes vû la Campagne de la Colonie; & il nous fut aiſé de nous procurer cette ſatisfaction, parce que les Portugais ayant fait ſauter à force de poudre quelque partie des Rochers qui la ſéparoient du reſte de l'Iſle, la communication par terre étoit devenue libre & facile. Nous penſions donc à nous remettre en Mer, &

n'ayant plus d'autres Ports à gagner que ceux d'Angleterre, je fais un compliment honnête à Madame Lallin & à Gelin qui étoit François, sur la satisfaction que je ressentois de pouvoir leur assurer une retraite tranquille dans ma Patrie. Signal funeste de ma ruine. Fanny avoit juré de ne pas mettre le pied en Angleterre, si j'y menois avec moi Madame Lallin. Les artifices de Gelin l'avoient engagée à prendre cette téméraire résolution; & voyant qu'elle ne pouvoit l'exécuter qu'en fuyant avec lui, elle y consentit lorsqu'elle se vit assurée que je ne pensois point à me séparer de sa Rivale. La nuit suivante fut prise pour le départ; &, ce qui est horrible à raconter, Fanny se leva pendant mon sommeil, du lit où elle étoit avec moi, elle quitta mon côté, pour suivre un Infâme, qui rioit peut-être de sa foiblesse au moment qu'il l'enlevoit comme sa proye, & qu'il se croyoit prêt à triompher de son honneur & de sa vertu.

On ne sçut cette nouvelle que le lendemain, & il étoit même fort tard avant qu'on en fût assuré parfaitement. Le Vaisseau François étoit parti; Fanny &

Gelin ne paroiſſoient pas. On les chercha d'abord, on s'informa avec ſoin ſi perſonne ne les avoit vûs ; & lorſque toutes les recherches eurent été inutiles, on ne balança point à s'imaginer la vérité. Peut-être étois-je le ſeul de tous les Habitans de l'Iſle, qui n'en étois pas encore inſtruit. Je demandai pluſieurs fois où étoit mon Epouſe. Tant qu'on l'ignora, on me répondit d'une maniere qui me cauſa de l'inquiétude ; & lorſqu'on fut pleinement aſſuré de mon malheur, on eut l'adreſſe de me rendre tranquille en me le déguiſant. Cependant, comme il étoit impoſſible de me le cacher plus long-tems que juſqu'à la fin du jour, Bridge prit le parti de me l'annoncer. Ce cher Frere, qui m'aimoit avec la derniere tendreſſe, & qui étoit lui-même ſi conſterné de mon malheur, qu'il avoit preſqu'autant de beſoin que moi de conſolation, ſe trouva dans un embarras extrême lorſqu'il lui fallût ouvrir la bouche & trouver des expreſſions pour ſe faire entendre. Il ſçavoit, par l'aveu que je lui en avois fait mille fois, qu'il n'y avoit rien dans mon cœur au-deſſus de Fanny. Il connoiſſoit mes ſentimens juſqu'au fond, par les tendres & sinceres confidences que je lui en faisois tous les jours. Toutes mes passions en effet se réduisoient à celle-là. Sans cesse attentif à veiller sur les mouvemens de mon cœur, & à régler ses inclinations, je ne lui laissois que la liberté d'être tendre & de se livrer à l'amour. C'étoit toute la douceur de ma vie, le charme de mes peines, & le dédommagement de la contrainte perpétuelle où je tenois tous mes autres desirs. Raison, devoir, penchant naturel d'un cœur infiniment sensible, tout s'accordoit à rendre l'amour nécessaire à mon bonheur. Aussi m'en étois-je fait une si douce habitude, que de même qu'il faut respirer pour vivre, il me falloit aimer Fanny & être aimé d'elle, pour être heureux. Bridge le sçavoit, il n'étoit que trop certain par conséquent qu'il alloit me donner le coup mortel en m'apprenant ce que j'avois perdu.

J'étois seul dans une chambre, occupé à lire. Il y entra d'un air qui me fit frémir, en me faisant connoître tout d'un coup une partie de ses agitations. Mais quelle apparence d'en pouvoir deviner la cause ? Je le crus attaqué de quelque maladie subite, ou si j'entrevis dans ses yeux quelque chose de plus funeste, ce fut d'abord sur lui que tomberent mes craintes & ma compassion. Il ne me laissa pas long-tems dans cette erreur. Je me levois ; demeurez, demeurez, me dit-il, en me faisant remettre sur ma chaise ; ne quittez pas une posture dont vous aurez besoin pour m'entendre. Il s'assit auprès de moi. Sa voix étoit tremblante, & son visage si changé, que ne pouvant rien comprendre à ce que je voyois, je demeurai interdit, en tenant les yeux attachés sur lui. O pauvre Cleveland ! reprit-il aussi-tôt, comment dois-je te préparer au coup que je te vais porter! Ton cœur ne saigne-t-il pas déja? O mon malheureux Frere ! n'entendez-vous pas du moins à demi, ce que je n'ai pas la force de vous raconter ? Ces quatre mots, prononcés du ton le plus passionné & le plus tragique, me pénétrerent d'horreur & de saisissement. Malgré la multitude d'idées affreuses qui se présenterent sur le champ à mon esprit, je crus démêler aussi-tôt le plus cruel malheur que j'eusse à redouter. Fanny est morte! m'écriai-je d'une voix douloureuse ;

Fanny eſt morte ! Non, interrompit-il : ce que j'ai à vous apprendre eſt plus terrible que la mort de Fanny ! Ah ! Bridge, achevez donc, & ôtez-moi la vie tout d'un coup. Helas ! c'eſt ce que je crains, reprit-il, en s'attendriſſant juſqu'aux larmes. Trop malheureux Cleveland ! je ſens que te vais percer le cœur, & je ne puis te cacher ton malheur, ni même te le déguiſer. Mais mon cher Frere, ajouta-t-il en m'embraſſant, vous avez de la force d'eſprit & de la conſtance ; recevez le coup que je vais vous porter, comme vous en avez déja reçu quantité d'autres. Songez que nous ne ſommes pas faits pour être heureux, ni vous ni moi, & que le Ciel nous ayant fait naître pour être miſerables, il faut que notre triſte deſtinée ſe rempliſſe Je fis quelques efforts pour me remettre. Hé bien, parlez cher Bridge, ne me ménagez pas ; je ſuis prêt à tout entendre : ſi Fanny n'eſt pas morte, je me crois aſſez de fermeté pour ſupporter toute autre perte.

Après m'avoir répondu qu'il le ſouhaitoit, mais que je ceſſerois bien-tôt de regarder la mort de Fanny comme le plus grand mal qui pût m'arriver, il m'apprit la nouvelle funeste de sa fuite avec Gelin, & toutes les circonstances qu'il avoit pû découvrir. Ils étoient sortis ensemble pendant la nuit, sans autre suite que le Valet de Gelin & une Femme de chambre. A peine avoient-ils emporté quelques habits ; mais ils s'étoient pourvûs d'une grosse somme d'argent. Gelin n'avoit eû sans doute nulle peine à obtenir du Capitaine François, d'être reçû à bord avec sa proye ; & selon les apparences, il n'avoit pas attendu le dernier moment pour se ménager son amitié. Le Vaisseau avoit mis à la voile avant le jour, ce qui marquoit clairement qu'ils étoient d'intelligence. Bridge, en finissant ce recit, accabla le perfide Gelin de malédictions, & soit pour flater ma douleur par le témoignage de la sienne, soit que l'excellence de son caractere lui fit prendre autant de part qu'il le témoignoit à ma peine, il me fit voir par mille marques qu'il en étoit inconsolable.

Pour moi, qui me crus alors arrivé au comble de l'infortune & de la douleur, je ne laissai pas de résister pendant quelques momens aux assauts du plus horrible desespoir. Je me fis même une violence incroyable, pour prendre cet air de constance & de fermeté dont je m'étois fait fort à mon Frere. Il est clair, lui dis-je d'une voix basse, que je suis le plus malheureux de tous les hommes. Je le suis au-delà même de mes craintes & de mon imagination. Ce que j'entens est plus triste sans doute, que la mort de Fanny, & mille fois plus terrible & plus insupportable que la mienne. Votre rapport, ajoutai-je en m'efforçant de le regarder d'un œil ferme, est apparemment certain? il ne me reste point le moindre lieu à l'esperance? Il me répondit, que je devois bien juger que le mal étoit sans remede, puisqu'il avoit crû impossible de me le cacher & nécessaire de me l'apprendre. Il ajouta à cette confirmation quelques raisonnemens sur le parti qu'il croyoit à propos que nous prissions; comme de nous mettre promptement en Mer, & de poursuivre le Vaisseau François, qu'il ne nous seroit peut-être pas impossible de rejoindre. J'eus la force de l'écouter, & celle de répondre juste à ses propositions.

Mais

Mais si mon ame avoit encore assez d'empire sur elle-même pour se contraindre jusqu'à cet excès, elle n'en avoit point assez sur mes sens pour en arrêter plus long-tems le trouble & le desordre. Les mouvemens cruels qui me déchiroient le cœur, se communiquerent en un moment au cerveau ; je sentis que ma raison s'obscurcissoit tout d'un coup : j'étendis les bras vers Bridge, comme si la Terre se fût dérobée sous mes pieds, & que j'eusse cherché à me tenir à quelque chose. O mon Frere ! lui dis-je, je me meurs. En effet je tombai sur lui, sans le moindre reste de sentiment & de connoissance.

Il fit venir du secours, & l'on prit long-tems des soins inutiles pour me les rappeller. Madame Lallin & ma Belle-sœur s'y employerent avec toute l'ardeur de leur amitié. Elles y réussirent à la fin. Mais il s'étoit fait un si étrange épuisement dans mes forces, que je demeurai plus d'une heure sans en retrouver assez pour répondre à leurs questions, & pour leur faire connoître que j'étois revenu à moi-même. J'avois les yeux fermés, & la tête appuyée languissamment contre le dos de ma chaise: Ma respiration étoit haute & convulsive. J'entendois tout ce qui se disoit autour de moi, mais je ne me sentois ni le pouvoir, ni la volonté de remuer la langue pour y prendre part. Qu'on se figure une Victime étendue au pied de l'Autel, après avoir reçû le coup du sacrifice : j'étois dans le même état, sans autre mouvement que celui d'une palpitation violente, qui se communiquoit du cœur à toutes les parties de mon corps, & qui causoit un tremblement visible dans tous mes membres.

Cependant, étant revenu tout-à-fait à force de soins & de secours, j'embrassai ceux qui m'avoient rendu leurs services avec tant de zéle. Je leur dis; Helas ! votre amitié s'est trompée en me rappellant à la vie. Vous sçaviez quel fardeau je vais avoir à porter. Vous avez vû la Nature se déclarer par mon évanoüissement & ma longue défaillance. Pourquoi l'avez-vous ranimée ? N'est-ce pas un signe qu'elle est trop foible pour soutenir long-tems des maux, dont elle n'a pu même supporter le premier sentiment ? Ils me répondirent, qu'ils étoient certains que mon courage ſeroit plus fort qu'elle. Je pris cette occaſion pour les prier de me laiſſer ſeul : Si vous le croyez, leur dis-je, je vous demande en grace de m'abandonner pour quelque tems à moi-même, & de me laiſſer faire tous mes efforts pour le rappeller. Quoique je n'euſſe réuſſi qu'imparfaitement à leur cacher mon deſeſpoir, ils connoiſſoient ſi bien mon caractere, qu'ils ſe reposerent ſur la parole que je leur donnai de ne me porter à rien de funeſte. J'obtins d'être ſeul, comme je le ſouhaitois. Mon Frere me demanda ſi je n'approuvois point la propoſition qu'il m'avoit faite, de nous mettre promptement à la pourſuite du Vaiſſeau François. Je me repoſai de tout ſur ſon affection & ſa prudence. Il fit faire les préparatifs de notre départ avec tant de diligence, que nous fumes en état de mettre à la voile le lendemain à midi.

On s'imagine bien ſans doute, que ce n'étoit point par indifference que je m'abandonnois ainſi à ſa conduite. Tout étoit au contraire agité & tumultueux dans mes idées & dans mes ſentimens ; & c'étoit cette raiſon même qui me portoit à me remettre de mes ſoins les plus importans, ſur un Frere dont je connoiſſois la ſageſſe, & le zéle pour mes intérêts. Je dois confeſſer que je n'étois point capable alors de prendre par choix la moindre réſolution. Dans le trouble d'eſprit & de cœur où j'étois, je ne pouvois même démêler quels étoient les mouvemens qui dominoient dans mon ame. Il me fut impoſſible, après deux heures de ſolitude & de méditation, de me répondre nettement à moi-même, lorſque je me demandai ſi je déteſtois mon Epouſe, ou ſi je l'adorois encore; ſi je ſouhaitois de pouvoir l'enlever à ſon perſide Amant, ou s'il n'étoit pas mieux pour mon honneur, & même pour mon repos, de les abandonner tous deux à la juſtice du Ciel & à leur mauvais ſort. Je n'avois pas la force de m'arrêter deux inſtans de ſuite à cet examen. J'avois encore moins celle de me repréſenter Fanny diſpoſée à fuïr avec Gelin, réſolue volontairement à abandonner ſon Epoux & ſes Enfans, quittant mon lit pour ſuivre un Adultere, occupée peut-être à recevoir ſes careſſes. Dieux! tous mes eſprits ſe confondoient à la seule approche de cette idée ; & ne me sentant point capable d'en soutenir un moment la présence, j'en détournois mon attention, pour me réduire à plaindre mon sort, sans oser presque penser à cette foible & malheureuse créature.

Cette disposition que je retrace ici en peu de mots, fut pendant long-tems mon état habituel. Le poids de mes maux étoit comme renfermé au fond de mon cœur. Mon courage s'employoit moins à le diminuer par mes réflexions, qu'à me faire une illusion continuelle pour m'en dérober la vûe. Mon ame reculoit de frayeur à cet objet, comme ma main se seroit retirée d'un fer brûlant auquel elle auroit touché sans réflexion. Cependant, tout servoit à m'y rappeller : mes Enfans, qui étoient sans cesse devant mes yeux lorsque nous nous fumes remis en Mer ; ma Belle-sœur, qui pleuroit continuellement la honte de son Amie, & qui prononçoit le nom de Gelin mille fois le jour avec détestation, Madame Lallin même, qui augmentoit mes peines, & qui les renouvelloit à tout instant, en me disant mille choses qu'elle croyoit propres à me consoler. Pour Bridge, qui fut le seul à qui je ne craignis point de me laisser voir à découvert, il eût contribué sans doute plus que personne à ma guérison, si j'eusse été capable de goûter quelque remede. C'eût été dans la sagesse de ce cher Frere, dans sa douceur, dans sa tendre & sincere affection, que j'eusse trouvé mes consolations les plus solides. Mais, loin de recueillir les fruits que j'avois lieu d'esperer quelque jour de son amitié, telle fut la barbarie de mon sort, qu'il servit lui-même de catastrophe à mes tristes avantures d'Amerique. On va voir par son exemple, si c'est ici-bas que la Vertu doit s'attendre d'être récompensée, & par le mien, qu'il peut y avoir un progrès sans fin dans l'infortune, puisqu'on peut devenir plus malheureux qu'on n'étoit, lorsqu'on croyoit déja l'être infiniment.

Malgré la diligence avec laquelle nous étions partis de sainte Helene, les vents furent si contraires, que nous n'avançâmes pas beaucoup dans notre route. Mon Frere étoit désesperé de ce retardement, qui détruisoit toute l'esperance qu'il avoit eu de joindre le Vaisseau François. Pour moi, dont les sentimens étoient toujours si incertains que je ne sçavois ce que je devois craindre ou desirer, je m'occupois moins à réfléchir & à raisonner, qu'à gémir. Nous fumes plus de trois mois à gagner la hauteur de l'Espagne. J'avois reçû sur mon Vaisseau à la Havane, quelques Espagnols de consideration, qui m'avoient prié de les débarquer à la Corogne. Bridge eut soin de faire prendre cette route à notre Pilote. Nous y arrivâmes heureusement : mais comme notre dessein n'étoit pas de nous y arrêter, nous n'entrâmes point dans le Port. Mon Frere fit moüiller l'ancre à quelque distance, & se mettant dans la plus grande de nos Chaloupes, avec les Espagnols & trois Anglois de notre suite, il se rendit à terre en un moment. La curiosité étoit son unique motif. Il tâcha même de m'engager par de fortes instances à lui tenir compagnie, pour dissiper un peu mes chagrins par cet amusement ; mais rien n'étant capable de me divertir & de m'amuser, je refusai d'avoir pour lui cette complaisance. Helas ! je le refusai : mon dessein étoit d'éviter un plaisir , que je n'étois point capable de goûter ; & le Ciel, qui vouloit épuiser sur moi toute sa colere avant mon retour en Europe, prit cette occasion pour consommer ma ruine & rendre ma misere accomplie.

Mon malheureux Frere entra donc dans le Port de la Corogne. C'est de lui-même que j'appris bien-tôt les circonstances que je vais raconter. En abordant, il quitta les Espagnols, qui devoient prendre la Poste pour Madrid, & ne s'étant proposé que le plaisir d'y visiter la Ville, il y employa la plus grande partie du jour, dans le dessein de retourner au Vaisseau avant la nuit. Il revenoit au Port vers le soir, pour s'embarquer à l'instant. Comme il étoit prêt à mettre le pied dans la Chaloupe, il se sent arrêté par le bras ; & tournant la tête aussi-tôt, il reconnoît Gelin. Quelle surprise ! A peine en crut-il d'abord ses yeux, & dans la premiere confusion de ses mouvemens, il demeura interdit jusqu'à ne pouvoir s'exprimer. Cependant ce perfide se jette à son col, l'embrasse étroitement, & marquant une joye infinie de le revoir, il lui confesse que venant de l'appercevoir sur le Port, il n'avoit pû résister à l'envie d'accourir à lui, pour lui témoigner qu'il étoit toujours le plus tendre & le plus sincere de tous ses Amis. Mon Ami? lui dit Bridge, qui n'étoit revenu de son étonnement que pour se livrer à l'indignation & à la colere: Quoi! Traître, n'est-ce pas toi qui as deshonoré mon Frere, & violé les droits les plus saints de l'honneur & de l'amitié? De quel front oses-tu te présenter à moi, & comment crois-tu pouvoir éviter ici le châtiment de tes crimes? Quoique Gelin ne dût point s'attendre à un traitement plus favorable, il parut extrêmement embarassé de cette réponse. Il faudroit avoir connu son caractere, pour comprendre tout ce qu'il y a d'étrange dans l'avanture que je raconte. Au fond, ce malheureux avoit mille qualités excellentes. Il avoit de l'esprit, de la générosité, de la tendresse de cœur; & tout autre motif qu'une passion amoureuse ne l'auroit jamais rendu capable d'une lâcheté. Mais étant d'une vivacité qui l'emportoit sur ses réfléxions, il n'avoit fait attention à rien, pour se satisfaire du côté de l'amour. Quelque furieuse que fût sa passion pour mon Epouse, & quelques crimes qu'il eût à se reprocher, il ne put voir mon Frere, qu'il aimoit passionnement sans se sentir pressé du desir de l'embrasser. Peut-être sa legereté l'empêcha-t-elle même de penser qu'il devoit craindre sa colere, & qu'il ne pouvoit plus prétendre d'en être traité comme un Ami. Quoi qu'il en soit, il fit paroître plus de douleur que de ressentiment, après avoir écouté ses reproches ; & s'attendrissant même jusqu'aux pleurs, il le conjura de lui accorder un moment d'entretien particulier.

Bridge balança, si le parti qu'il devoit prendre d'abord n'étoit pas de le faire arrêter. Cependant, ayant le cœur si bon qu'il ne le put voir touché jusqu'à ce point sans l'être un peu lui-même, & sans sentir quelques retours de son ancienne amitié, il consentit à l'entendre. Ses pleurs, & sa hardiesse même à se présenter, pouvoient être l'effet de quelque repentir. Bridge se flata de cette pensée ; & s'écartant avec lui sur le sable, au côté le plus desert du Port, ils commencerent un entretien dont on pourroit juger par la conclusion, quand je me dispenserois d'en rapporter la premiere partie. Gelin confessa nettement, qu'il étoit coupable. Mais rejettant son crime sur la violence d'une passion sans bornes, il tâcha d'exciter la pitié de mon Frere & de lui persuader qu'il ne méritoit point sa haine. Eh! quels sentimens faut-il donc que j'aye pour vous, lui dit Bridge, lorsque vous trahissez mon amitié & ma confiance, que vous mettez le poignard dans le sein d'un Frere qui m'est aussi cher que moi-même? Perfide Gelin! que vous avions-nous fait? Ne vous ai-je pas toujours regardé comme le plus cher de mes Amis? Mon malheureux Frere n'avoit-t-il pas cette opinion de vous; & ne vous a-t-il pas traité lui-même, à ma priere, avec une honnêteté & une affection qui méritoient toute votre tendresse? Ne vous a-t-il pas offert sa maison, une part à ses biens & à sa fortune? Auroit-il eû plus de bonté pour vous, si vous lui aviez appartenu d'aussi près que moi par le sang? Et pour récompense, vous le couvrez d'infamie! vous l'assassinez cruellement, en lui enlevant tout ce que ſon cœur aimoit ! Dites après cela que vous méritez ma compaſſion, & que je ne dois point vous déteſter plus que Cleveland. Car n'eſt-ce pas ſur moi que retombent toutes vos perfidies ? Ne vous ai-je pas introduit dans ſa maiſon ? N'eſt-ce pas ſur mon témoignage qu'il a pris pour vous de l'eſtime & de la confiance ? Lorſque je vous reproche ici nos malheurs communs, n'a-t-il pas droit de me reprocher en particulier tous les ſiens ? Mais qu'avez-vous fait de ſon Epouſe ? continua Bridge. Vous êtes-vous hâté de combler bien-tôt notre honte ? Vos infâmes deſirs ont-ils tardé bien long-tems à ſe ſatisfaire ? C'eſt ſans doute de concert avec elle, que vous nous avez trahi ; & vous avez inſulté enſemble plus d'une fois à notre infortune & à nos peines ?

Malgré l'obſtination de Gelin dans ſon crime, j'ai ſçu de mon Frere, que ces reproches l'avoient pénétré juſqu'au fond du cœur. Il ne ſe défendit que par quelques paroles confuſes & embaraſſées. Cependant, étant preſſé de nouveau, & ſans doute avec trop peu de ménagement, de s'expliquer ſur le lieu où il avoit laiſſé Fanny, & ſur la maniere dont il vivoit avec elle, il répondit fierement, qu'elle étoit en ſûreté, & qu'il auroit toujours pour elle plus de conſideration que je n'en avois eû. Ces derniers mots piquerent Bridge. Comment! perfide, reprit-il, tu prétens donc la garder? Auſſi long-tems, lui dit l'autre, qu'elle ſera contente de mes ſervices, & qu'elle aura beſoin de mon ſecours? Peut-être mon Frere eut-il tort de ne pas lui demander l'éclairciſſement de ces paroles. Quoique je n'y viſſe pas plus clair que lui lorſqu'il me les rapporta, j'ai conçu long-tems après, qu'avec un peu plus d'explication, elles euſſent peut-être ſervi à me faire pénétrer dans ce fatal myſtere; & ſi cette connoiſſance n'avoit rien changé à mes malheurs, elle auroit pû me donner un peu plus de force pour les ſupporter. Peut-être que Gelin, par un reſte d'honneur & d'amitié, alloit lui découvrir non ſeulement la retraite de mon Epouſe, mais encore le motif de ſa fuite, & les circonſtances qui pouvoient en diminuer le crime & la honte. Il y a du moins de l'apparence qu'avec un peu plus de modération, Bridge eût évité le malheur qui le menaçoit. Mais il étoit entraîné tout à la fois par l'ascendant de son mauvais sort, & du mien ; & lui, qui étoit le plus doux & le plus patient de tous les hommes, se livra trop-tôt au juste ressentiment qu'il eut de se voir insulté par un Ami perfide. Aussi longtems, s'écria-t-il, qu'elle aura besoin de tes services ? Loin de marquer du repentir, comme je me l'étois figuré, tu joins donc la raillerie à l'ingratitude, & l'outrage à la trahison ? Va, nous prendrons des voyes plus sûres pour tirer raison de tes perfidies. Et en même tems qu'il prononçoit ces paroles avec beaucoup de feu, il s'efforça de le saisir au colet & de l'arrêter, pour le conduire ensuite à mon Vaisseau, où nous aurions tenu conseil sur la maniere dont nous devions en user avec lui.

Gelin étoit vigoureux. Il s'échapa des mains de mon Frere, & il prit la fuite. Cependant, étant poursuivi de près, & se voyant dans la nécessité de repasser auprès de la Chaloupe, où il ne pouvoit manquer d'être arrêté par nos Anglois, qui paroissoient même l'avoir déja apperçû & venir à sa rencontre, il ne ménagea plus rien pour sauver sa liberté. Il mit l'épée à la main, & se tournant tout d'un coup vers mon Frere, il fondit si impétueusement sur lui, que quoiqu'il eût eû le tems de tirer aussi la sienne & de se mettre en défense, il ne put éviter de recevoir un grand coup qui le perça d'outre en outre. L'infortuné Bridge tomba sans forces. Gelin, en retirant son épée du sein de son Ami, en vit sortir un ruisseau de sang. Ce spectacle l'émut jusqu'au fond du cœur. Il en oublia l'intérêt de sa liberté & de sa vie ; & la tendresse de l'amitié prenant le dessus sur toutes les autres passions, il se jetta par terre à corps perdu, pour embrasser mille fois celui qu'il venoit de massacrer.

Pendant qu'il le serroit de toute sa force, en lui demandant pardon, & en poussant des cris pitoyables, les trois Anglois, qui avoient redoublé leur course en voyant de loin le combat, s'approcherent du lieu où couloit le sang de leur Maître. Dans la fureur qu'ils sentirent à cette vûe, ils ne s'arrêterent point à distinguer si c'étoit haine, ou amitié, qui tenoit Gelin attaché sur son cadavre. Ils le percerent de plusieurs coups, sans que ce malheureux Garçon jettât une plainte, ni qu'il fît le moindre mouvement pour se défendre. Mon Frere respiroit encore; mais il avoit perdu tout-à-fait la connoissance. Ils tinrent conseil ensemble, sur le parti qu'ils avoient à prendre. Comme ils étoient incertains de ce qui pouvoit leur arriver de la part des Espagnols, s'ils étoient découverts auprès de deux corps qui paroissoient sans vie, ils conclurent que le plus sûr pour eux étoit de regagner promptement le Vaisseau avec le cadavre de leur Maître. Ils firent avancer la Chaloupe vis-à-vis du lieu du combat, qui étoit le rivage même de la Mer; & s'embarquant aussi-tôt, ils arriverent à bord à l'entrée de la nuit.

Un si funeste accident se répandit en un instant par tout le Vaisseau. Bridge étoit chéri de tout le monde. Sa mort qui passa d'abord pour certaine, fit pousser des cris aux plus insensibles. Quelque peu de part que j'eusse pris, depuis notre départ de sainte Helene, à ce qui se passoit autour de moi, je fus frappé

frappé d'entendre un bruit que je n'y avois jamais entendu. Je craignis que dans l'absence de mon Frere, qui faisoit l'office de mon Lieutenant, il ne se fût élevé quelque desordre parmi les Matelots, & j'envoyai pour s'en informer, un Valet qui étoit toujours dans ma famille. Le bruit cessa, mais mon Valet ne revint point. On l'avoit arrêté par la même raison qui faisoit que ma chambre étoit le seul endroit du Vaisseau où notre perte ne fût point encore connue; c'est-à-dire pour ménager ma Belle-sœur, sa Fille, & moi, dont on jugeoit bien que la douleur ne manqueroit point d'être extrême. Nos gens avoient eû cette attention. C'étoit rendre en effet un service considerable à ma Belle-sœur & à sa Fille, que de leur épargner les vifs transports que causent presque toujours une douleur subite & imprévûe, & de prendre des mesures pour les y préparer. Mais pour moi, qui étois accoûtumé plus que jamais à juger d'un évenement au premier coup d'œil, & à le dépouiller de toutes ses circonstances pour l'envisager en lui-même, il importoit peu de quelle maniere le plus affreux malheur me fût annoncé. Dans l'état où j'étois, la mort de mon Frere étoit ce qui pouvoit m'arriver de plus funeste. Peut-être n'en aurois-je pas porté le même jugement avant qu'elle fût arrivée : mais c'est qu'il ne me seroit pas tombé alors dans l'esprit qu'elle fût possible, ou du moins qu'elle pût être si prochaine ; & qu'occupé comme j'étois de l'infidelité de mon Epouse, je n'avois rien de plus terrible devant les yeux, que le sujet présent de mes peines.

J'attendois le retour de mon Valet, ou plutôt, mon inquiétude & ma curiosité avoient cessé avec le bruit ; lorsque ce même Garçon que j'avois envoyé, étant rentré dans ma chambre, me pria à l'oreille d'en sortir un moment. Un des trois Anglois qui avoient accompagné mon Frere à la Corogne, étoit dehors à m'attendre. Il m'apprit en peu de mots, non que son Maître fût mort ou mourant, mais qu'ayant été blessé à terre, il l'avoit ramené heureusement avec ses Compagnons ; & qu'avant que de m'informer de cette nouvelle, ils avoient eû soin de le mettre dans un endroit commode, pour lui faire rappeller ses esprits & pour panſer ſa bleſſure. Il ajoûta, que c'étoit la crainte de m'allarmer trop, qui leur avoit fait prendre cette précaution ; & qu'ils s'étoient même crû obligés de m'avertir encore avant ma Belle-ſœur, afin que je puſſe regler moi-même de quelle maniere je ſouhaitois qu'on lui communiquât cette triſte avanture. Je le louai de ſa ſageſſe & de ſa diſcrétion, & je me fis mener auſſi-tôt dans la chambre où ils avoient mis mon Frere. Je donnai ordre qu'on ne parlât de rien aux Dames, juſqu'à mon retour. Quoique je ne fuſſe point ſans inquiétude en allant, j'étois ſi éloigné de croire mon cher Bridge dans l'état où je l'allois voir, que je n'avois pas même conçû que ſa bleſſure vînt d'une autre cauſe que d'une chute, ou de quelqu'autre accident ordinaire. Cependant, l'air de langueur & le profond ſilence avec lequel il me tendit les bras au moment qu'il me vit paroître, me fit naître tout d'un coup d'étranges ſoupçons. J'approchai pour l'embraſſer. Il étoit pâle, ſans force, preſque hors d'état de prononcer une parole ; en un mot, tel qu'il devoit être après avoir perdu preſque tout ſon ſang par ſa bleſſure, &

après un évanouissement de deux heures dont il ne faisoit que revenir. Je lui demandai à lui-même, par quelle funeste avanture il se trouvoit réduit à cette extrêmité. Quoiqu'il pût à peine ouvrir la bouche, sa réponse me fit pressentir toute l'horreur du sort qui m'attendoit, en réunissant à mes peines présentes, l'idée des nouvelles douleurs dont j'étois menacé. Il m'apprit la rencontre qu'il avoit faite de Gelin, l'entretien qu'il avoit eû avec lui, le peu de lumieres qu'il en avoit tirées; mais qu'il jugeoit suffisantes, me dit-il, pour confirmer la honte de mon Epouse, & pour me faire oublier éternellement cette Miserable. Il me parla de son combat, & de l'action de Gelin, qui s'étoit jetté sur lui pour l'embrasser après l'avoir percé d'un coup d'épée. Pour sa mort, il ne put m'en apprendre que ce qu'il s'étoit fait raconter lui-même par ses gens, depuis qu'il étoit revenu de son évanouissement. Il demeura quelques momens en silence après ce discours, comme pour reprendre haleine, & il me regardoit d'un œil aussi abbatu par la douleur que par l'épuisement de ses forces. Voilà, mon cher Cleveland, reprit-il, l'état de votre fortune & de la mienne. J'ai cet avantage sur vous, que je touche au moment où l'on perd le sentiment des plaisirs & des peines, & où tout devient égal & indifferent par la mort. Cependant en faisant réfléxion, ajoûta-t-il, sur ce qui se passe actuellement dans mon cœur, j'ai peine à comprendre que je puisse être aussi insensible qu'on le prétend, lorsque j'aurai perdu le peu de vie qui me reste. C'est de quoi je m'entretenois lorsque vous êtes entré dans cette chambre. Je sçai dans quelle situation je vous laisse; troublé, languissant, accablé de douleur, & privé de la consolation que vous étiez sûr de trouver toujours dans un Frere qui n'avoit rien de plus cher que vous. Je laisse dans le même état mon Epouse & ma Fille. O Dieu! serai-je tranquille dans votre sein même, avec de si tristes souvenirs?

Quoique le témoignage de mes propres yeux m'assurât, autant que son discours, de l'extrême péril où étoit sa vie, je ne lui répondis qu'en l'exhortant à bien esperer de la bonté de son temperament & de la force des remedes; &

malgré les incroyables agitations de ma douleur, je me rendis le maître de tous mes mouvemens. Les efforts que je fis pour étouffer jusqu'à mes soupirs, furent si violens, que je sentis plus d'une fois cette espece de frémissement que je m'imagine que l'ame doit éprouver lorsqu'elle est prête à se séparer du corps. Cependant, un moment de réfléxion sur la nécessité dont il étoit pour l'intérêt de mon Frere, de ma Belle-sœur, de mes Enfans, & pour le mien même, de conserver toute la liberté de mon esprit, me fit trouver assez de force pour suspendre ainsi les effets du plus vif & du plus invincible desespoir. Qu'on ne s'imagine point qu'en faisant étalage de ma fermeté, j'aye ici en vûe cette fumée qu'on appelle Gloire, & l'estime de ceux qui apprendront mes malheurs & ma constance. Helas! si je ne l'ai point dit assez, je veux le répeter encore, je ne demande que leur compassion.

Le Chirurgien du Vaisseau, à qui j'ordonnai en particulier de me dire naturellement ce qu'il pensoit de la blessure, me confirma dans l'opinion que j'en avois formée. Elle est si mortelle, me dit-il, que je ne conçois pas comment il a pu vivre un moment après l'avoir reçue. Tous les inteſtins ſont percés, & vous ne devez eſperer à préſent de le conſerver, qu'auſſi long-tems que le Ciel voudra faire un miracle. Je me rapprochai du malade, après cette ſentence. Il prévint ce que j'avois deſſein de lui dire, en me priant inſtamment de lui procurer la vûe de ſon Epouſe & de ſa Fille. Je trouvai cette demande ſi juſte, & je craignis ſi fort qu'il ne fût privé de la conſolation de les embraſſer pour la derniere fois, que je le quittai ſur le champ, pour aller préparer ma Belle-ſœur à cette viſite. Mes gens, qui me virent paſſer, me propoſerent de mettre à la voile avant la fin de la nuit, de peur que nous ne fuſſions expoſés le lendemain, de la part des Eſpagnols, à quelques recherches qui pourroient nous cauſer de l'embarras. J'y conſentis. On leva l'ancre auſſi-tôt. Je ne m'arrêtai point un inſtant à donner cet ordre, & je ne fus gueres plus long-tems à déclarer à ma Belle-ſœur qu'il faloit s'armer de courage & de réſolution, pour voir ſon Epoux dans un état auquel elle ne s'attendoit point. Cette courte absence m'ôta néanmoins la satisfaction de recevoir les derniers soupirs de mon cher Frere. Il expira avant que je pusse être de retour dans sa chambre, c'est-à-dire quatre minutes après que j'en fus sorti.

Quelque habitude que j'eusse prise de dépouiller, comme j'ai dit, tous mes malheurs de leurs circonstances, pour n'y considerer que ce qu'ils avoient de réel, j'avoue que c'en fut une bien terrible & bien insupportable que cette tromperie du sort, qui sembloit ne m'avoir éloigné de mon Frere pendant un instant, que pour saisir aussi-tôt cette occasion de me le ravir. A peine lui avois-je dit quatre mots, depuis que j'avois été averti de sa blessure. Mille sentimens tendres, que la douleur & l'amitié avoient fait naître en confusion dans mon cœur, s'y trouvoient resserrés sans pouvoir éclater. Je m'étois contraint auprès de lui, pour le ménager dans l'état où je l'avois vû ; & je me trouvai obligé en apprenant sa mort, de me faire encore plus de violence pour ménager ma Belle-sœur & sa Fille, & pour les porter à la moderation par mon exemple. Je sortois de ma chambre avec elles,

elles, lorſqu'un Valet vint au-devant de moi. Il eſt trop tard, Monſieur, me dit-il, la larme à l'œil; mon Maître vient d'expirer. Ma Belle-ſœur & ſa Fille l'entendirent. Leurs cris, & leurs efforts pour courir, l'une à ſon Epoux, l'autre à ſon Pere, ſurpaſſent toutes mes expreſſions. J'eus une peine infinie à les arrêter, avec le ſecours de quelques-uns de mes gens, & à les faire retourner à ma chambre, où je les laiſſai gémir en liberté. Madame Lallin, & leurs Femmes, y étoient pour s'oppoſer à leurs tranſports. Je les priai de prendre ce ſoin, tandis que je me retirai dans un coin oppoſé, & que je m'y livrai à cette ſorte de douleur qui eſt le plus mortel poiſon de l'ame, parce que rien ne s'en répand au dehors, & qu'elle s'enyvre en quelque ſorte en le dévorant tout entier.

Cependant, après avoir paſſé quelque tems dans cette triſte occupation, je ne pus refuſer de répondre à quelques-uns de mes gens qui entrerent bruſquement dans ma chambre, en demandant à me parler. Drink, l'un de ceux à qui j'avois donné le plus d'autorité, me dit d'un air effrayé, qu'on appercevoit ſur la

Mer un ſpectacle épouvantable, & qu'il étoit à propos que je ſortiſſe un moment pour en juger moi-même. Je montai ſur le pont. Il étoit encore nuit, mais l'obſcurité ne ſervit qu'à me faire découvrir plus aiſément ce qui ſe préſenta à mes yeux. C'étoit un globe de flâmes qui paroiſſoit aſſez éloigné, & qui s'élevoit vers le Ciel avec une activité extrême. Après l'avoir conſideré long-tems ſans pouvoir m'imaginer ce qui pouvoit lui ſervir d'aliment au milieu des eaux, je me figurai à la fin que ce devoit être quelque Vaiſſeau où le feu avoit pris, & qui étoit par conſéquent dans le dernier péril. Je donnai ordre auſſi-tôt qu'on tournât la voile de ce côté-là, pour lui porter du ſecours. Je fis même tirer quelques coups de Canon, & allumer pluſieurs flambeaux, pour avertir l'Equipage de notre approche. Cette précaution ne fut point inutile. Un moment après nous vîmes paroître deux Chaloupes, remplies chacune de quinze ou ſeize perſonnes qui nous tendoient les bras, en demandant d'un ton pitoyable d'être reçues à bord, & d'être ſecourues. Je ne balançai point à leur permettre de monter dans le Vaisseau. Ils me raconterent leur infortune. Le feu s'étoit mis en effet dans leur Bâtiment, & ils avoient couru risque d'être consumés par les flâmes. C'étoit des François, qui venoient de la Martinique, & qui retournoient à Nantes en Bretagne, où ils étoient nés presque tous. J'ordonnai qu'ils fussent traités avec humanité. Ils me demanderent quelle route je tenois. Je l'ignorois moi-même. Nous n'étions pas encore bien éloignés de la côte d'Espagne. Malgré le trouble de ma douleur, & l'image présente de la mort de mon Frere, je ne pouvois oublier que mon Epouse étoit sans doute à la Corogne, & qu'il dépendoit peut-être de moi de me saisir d'elle. L'embarras où me jettoit cette pensée, achevoit de me déchirer le cœur, & je fus long-tems avant que d'en venir même à la déliberation. J'avois honte de sentir que l'amour m'intéressât encore pour elle jusqu'à ce point. Je soupirois, je prenois intérieurement le Ciel à témoin de mes peines; mais je ne pouvois me résoudre à quitter un lieu où j'avois raison de croire qu'elle étoit. Cependant, les dernieres paroles de mon Frere s'étant présentées à mon esprit dans toute leur force, le sentiment de ma honte se réveilla tellement, que je pris mon parti tout d'un coup. Eloignons-nous, dis-je brusquement à mes gens; fuyons cette malheureuse côte à force de voiles; gagnons Nantes, puisque la charité m'oblige, après avoir reçû ces honnêtes François, de les remettre dans leur Païs. C'est notre route pour l'Angleterre; & il m'est indifferent d'ailleurs en quel endroit du Monde j'aille achever ma triste vie. Quoique cette résolution n'eût point été l'effet d'un raisonnement tranquille, je m'y confirmai de plus en plus en avançant.

Le vent, qui continua de nous être contraire, rendit notre voyage extrêmement long & pénible. Je le passai dans un abattement si profond, que je ne fis pas même usage de mon esprit pour méditer & pour réfléchir. Toute la capacité de mon ame, si j'ose parler ainsi, étoit employée en sentiment. Il se trouva parmi les François que j'avois à bord, quelques personnes de mérite, qui étant bien-tôt informés de mes pertes, s'offrirent officieusement à me consoler par leur compagnie & par leur entretien. Je les priai de rendre ce service à ma Belle-sœur, & ils s'y prirent avec tant d'esprit & de politesse, que leurs soins ne lui furent pas tout-à-fait inutiles. Pour moi, qui étois aussi peu capable de desirer de la consolation que d'en recevoir, je me tenois renfermé du matin au soir dans le Cabinet qui touchoit à ma Chambre, & je n'y voulois même souffrir la présence de personne. J'étois sans livres. J'avois toujours fait fort peu de cas de ceux que j'avois en Amerique, & quoiqu'ils eussent servi pendant long-tems à m'occuper, je les comptois presque pour rien ; de sorte qu'esperant d'être bien-tôt en Europe, j'avois négligé d'en prendre sur le Vaisseau, en partant de la Havane. Je n'avois donc, pour me soutenir contre le poison qui me rongeoit le cœur, que le secours invisible du Ciel, & la force de mon temperament.

Nous arrivâmes enfin à Nantes. Le bon office que j'avois rendu aux Habitans de cette Ville en recevant leurs Concitoyens dans mon Vaisseau, m'y procura un accueil honnête & plein d'amitié. On m'y offrit d'abord toutes ſortes de plaiſirs & de divertiſſemens ; mais je ne tardai gueres à déclarer que les marques de joye m'importunoient ; & que dans la diſpoſition où j'étois, la plus grande faveur qu'on pût me faire étoit de me laiſſer ſeul & en liberté. J'employai les premiers jours à faire enſevelir honorablement mon cher Frere. Helas ! que je lui portai d'envie, en lui voyant prendre poſſeſſion de la paix éternelle dans l'azyle du Tombeau !

La miſere où la plûpart des François que j'avois amenés, ſe trouvoient réduits par la perte de leur Vaiſſeau, me fit naître une envie, que j'exécutai avec l'applaudiſſement & l'admiration de tous les Nantois. Ce fut de leur faire préſent du mien. J'étois riche, peu attaché à mes richeſſes, & extrêmement ſenſible à la compaſſion. C'étoit me ſatisfaire moi-même, que de leur accorder cette faveur. Elle fut regardée néanmoins comme un effet inoüi de généroſité. Rien ne me preſſoit de me rendre en Angleterre ; je pouvois toujours y paſſer facilement de France, où les occasions s'en présentent à tous momens dans tous les Ports. Je récompensai aussi fort liberalement les Matelots qui m'avoient servi depuis la Havane, & je ne retins que six Domestiques, avec les Femmes de ma Belle-sœur & de Madame Lallin.

Fin du Tome troisiéme.

[illegible] dame [illegible].

[illegible]

www.ingramcontent.com/pod-product-compliance
Lightning Source LLC
LaVergne TN
LVHW010553110826
845149LV00003B/651